UNE JUSTICE QUI VOUS BROIE...

Affaire Me Lydienne YEN EYOUM

Une justice sous influence

GRANDES FIGURES D'AFRIQUE
Collection dirigée par André Julien Mbem

Les acteurs de la vie politique, intellectuelle, sociale ou culturelle africaine sont les axes majeurs de cette collection. Le genre biographique autour de personnalités marquantes de l'histoire contemporaine du continent africain reste à promouvoir. Et pourtant, depuis l'accession des pays africains à l'indépendance, en Afrique ou dans sa diaspora, des personnages d'une importante densité occupent la scène du monde et la quittent parfois sans que soient mis en récit, au besoin avec leurs concours, leurs parcours. La collection « Grandes Figures d'Afrique » privilégie l'archive, le témoignage direct, en veillant autant que possible à l'authenticité du matériau historique.

Dernières parutions

André Julien Mbem, *Jean Ping. Le diplomate et l'homme d'État*, 2016.
Guy Ernest Sanga, *Le Cardinal Tumi ou le courage de la foi*, 2010.
André-Julien Mbem, *Laurent Gbagbo. L'intellectuel et le politique*, 2010.
Mugabe, Robert Gabriel. "Souillure" or not "Souillure" ?, 2010
Assiongbor Folivi (Textes rassemblés et annotés par), *Gnassingbe Eyadema (volume VI). Discours et allocutions (2000-2004),* 2010.
Assiongbor Folivi (Textes rassemblés et annotés par), *Gnassingbe Eyadema (volume V). Discours et allocutions (1993-1999)*, 2010.
Assiongbor Folivi (Textes rassemblés et annotés par), *Gnassingbe Eyadema (volume IV). Discours et allocutions (1987-1992)*, 2010.
Assiongbor Folivi (Textes rassemblés et annotés par), *Gnassingbe Eyadema (volume III). Discours et allocutions (1981-1986)*, 2010.

Me BLACK YONDO

UNE JUSTICE QUI VOUS BROIE...

Affaire Me Lydienne YEN EYOUM

Une justice sous influence

Préface du Bâtonnier Christian Charrière-Bournazel

Postface du Bâtonnier Patrice Monthe

L'Harmattan

5-7, rue de l'Ecole-Polytechnique, 75005 Paris

http://www.editions-harmattan.fr

ISBN : 978-2-343-13290-7
EAN : 9782343132907

À toutes les victimes d'injustices de par le monde

Pensées compatissantes, toutes d'affection,

Et à mon cousin Jean-Black MPONDO,

aujourd'hui décédé, à qui les malfrats

ont volé la voiture pendant qu'il m'assistait au procès

de la subversion à YAOUNDE devant le Tribunal militaire

Chagrin éternel

Avant-propos

« La mission générale du Ministère de la Justice… est de formuler et d'appliquer la politique du Gouvernement dans le domaine de l'administration de la justice.

Ainsi, le Ministère, est le concepteur et le maître d'œuvre de l'administration de la Justice et en répond devant le citoyen et la nation. Il doit en effet veiller à assurer au justiciable une justice de qualité : indépendante, impartiale et distribuée dans un délai raisonnable par des véritables professionnels du droit. Il doit également veiller à l'éradication de la culture de l'impunité et assurer ainsi la paix sociale et, au-delà la concorde nationale… »

(La mission générale du Ministère de la Justice et de la Sécurité Publique[1] telle qu'elle découle des dispositions de l'article 1 du Décret français du 30 mars 1984 ...et du Décret camerounais n° 2005/122 du 15 avril 2005 portant organisation du Ministère de la Justice)

Salle d'audience de la Cour suprême
avant le délibéré du pourvoi de l'habeas corpus

« Ces procédures judiciaires ont donné lieu aux décisions de justice contestées par la SGBC et cela a fait l'objet de l'arbitrage de la Hiérarchie, une enquête a été ouverte à cet effet et je détiens les résultats de cette enquête... »

(Déclaration du Ministre de la justice Monsieur Amadou ALI extraite d'un procès-verbal de réunion tenue au Ministère de la justice sous sa présidence)

« Une justice aux ordres »
ou
« une justice sous influence » ?

«... Pardon ma sœur, nous avons les mains liées...»
Propos extraits de l'ouvrage

Préface
de

Me Christian Charrière-Bournazel

Le Bâtonnier Black YondoMandengué m'a fait l'honneur de me demander de préfacer son ouvrage sur l'affaire de Me Lydienne Yen Eyoum.

J'y suis d'autant plus sensible que la réputation du Bâtonnier Black Yondoa largement dépassé les frontières de son pays: sa compétence, sa détermination et son courage forment autant d'exemples à imiter de la part des avocats ayant la chance d'exercer dans des pays où aujourd'hui on ne risque plus la prison pour avoir rempli son devoir d'avocat.

Le procès intenté contre Mme Lydienne Yen Eyoum constitue, en effet, un ***scandale juridique,*** en même temps qu'une atteinte aux droits de la personne humaine les plus sacrés compte tenu des conditions de sa détention et des traitements inhumains et dégradants qu'elle a subis.

Malheureusement, ce n'est pas la première fois que j'ai eu l'occasion d'être confronté à la justice camerounaise telle qu'elle fonctionne sous l'autorité tyrannique du président Paul Biya.

Je fus, en effet, il y a plus d'une trentaine d'années, l'avocat du président Ahmadou Ahidjo à qui je rendais visite soit dans son appartement du boulevard Maurice Barrès à Neuilly, soit dans sa propriété de Mouans-Sartoux.

Il avait volontairement quitté la présidence de la République pour la confier à son collaborateur, Paul Biya. Il l'avait formé, en avait fait son premier ministre et au moment de lui laisser la place, Paul Biya n'avait pas eu de mot assez fort pour lui exprimer son admiration, son respect et sa reconnaissance.

Quelque temps plus tard, parce que le président Ahidjo avait tenu à conserver la présidence du parti dans le souci qu'il avait de continuer à travailler encore pour l'unité de cette nation neuve et composite, Paul Biya lui écrivit avec insistance pour qu'il lui remette les rênes du parti. Le président Ahidjo ayant refusé, Paul Biya inventa un complot que son maître aurait fomenté depuis la France, fit arrêter au Cameroun deux de ses subalternes, fit saisir ses biens et assigna sa famille à résidence.

Je me rappellerai toujours la colère du président Ahidjo, faite d'indignation et d'amertume, à l'égard de l'ingratitude de son dauphin. Celui-ci n'hésita pas à inventer un procès au Cameroun où naturellement se trouvèrent des juges assez dociles pour condamner le président Ahidjo à la peine de mort par contumace.

A la demande du président Ahidjo, j'avais tenté d'obtenir l'autorisation de me rendre au Cameroun pour y assurer sa défense: le visa me fut refusé, le président Paul Biya prétendant que je voulais, en réalité, aller au Cameroun pour l'assassiner, parcours assez habituel pour un futur bâtonnier de Paris !

Ce fut ma première expérience d'une institution judiciaire qui n'a rien à voir avec la justice et d'un système où le souci des privilèges mâtiné d'une peur de la violence régalienne transforme en valets ceux qui portent abusivement le nom de juge.

L'affaire Yen Eyoum en est un autre exemple, d'autant plus cruel que cette remarquable avocate a souffert six ans d'emprisonnement dans des conditions inhumaines et dégradantes comme me l'avait rapporté ma consœur Caroline Wassermann qui n'hésita pas à lui rendre visite dans cette geôle où elle était comme enterrée vivante.

Un conflit d'honoraires se règle en effet devant le Bâtonnier au Cameroun comme en France. Alors que Me Yen Eyoum était avocate de l'Etat camerounais et qu'elle avait remporté une victoire judiciaire sur une banque condamnée à payer des sommes considérables à l'Etat, une transaction a été conclue dans son dos par laquelle l'Etat a renoncé à percevoir dix milliards de francs CFA au préjudice de cette banque contre laquelle Me Yen Eyoum ne faisait qu'exécuter la décision judiciaire rendue.

On ne peut concevoir que les plus légitimes soupçons sur les conditions de cette transaction.

La justice française n'a pas été très brillante non plus dans cette circonstance. Lydienne Yen Eyoum étant à la fois française et camerounaise, nous avons porté plainte à Paris contre les magistrats, contre le ministre de la justice et les plus hautes autorités de l'Etat au titre des traitements inhumains et dégradants que subissait Mme Lydienne Yen Eyoum dans sa prison.

Le parquet s'étant opposé à ce que cette plainte fût instruite, il fut secondé par la chambre de l'instruction. Il a fallu attendre un réquisitoire de l'avocat général de la Cour de cassation pour que l'instruction puisse commencer.

Puis, d'un seul coup, elle tomba en panne, sans qu'aucune explication ne soit fournie, sinon le fait que la souveraineté de l'Etat du Cameroun ne permettait pas à la justice française de s'immiscer dans le fonctionnement des prisons, sauf à démontrer que Mme Lydienne Yen Eyoum aurait fait l'objet d'un traitement particulièrement différent de celui des autres détenus pour que le juge français puisse s'en emparer.

J'ai fait remarquer qu'il aurait été insoutenable d'entendre une justice dire que dans la légalité du Troisième Reich, on n'aurait pas été légitime à se plaindre du traitement subi par un détenu d'Auschwitz au prétexte qu'ils étaient tous traités de la même manière !

L'instruction à Paris est toujours ouverte et l'on attend avec curiosité qu'un magistrat-instructeur ait le courage, en vertu de la coopération franco-judiciaire établie par convention entre le Cameroun et la France, de se déplacer à la prison de Kondengui pour y constater les conditions dans lesquelles y sont traités les malheureux prisonniers, sans même à avoir à se demander si réciproquement la justice camerounaise ne pourrait pas s'intéresser un jour aux conditions inhumaines et dégradantes faites à un détenu camerounais dans une de nos pires prisons.

Bref, le livre de Me Black YondoMandengué a le mérite de mettre au jour les bassesses, les cruautés et les lâchetés d'une institution judiciaire servant une insupportable injustice, et de lutter pour qu'elle ne parvienne pas à gagner contre l'espérance.

Christian Charrière-Bournazel

Avocat au Barreau de Paris

Ancien Président du Conseil national des Barreaux de France

Ancien Bâtonnier de l'ordre du Barreau de Paris
Ancien Président de la Fédération de Paris de la LICRA
Membre de l'Association des juristes juifs

Affaire Me Lydienne YEN

« Condamnée à 25 ans d'emprisonnement,
A la Confiscation de ses biens,

Outre les peines pécuniaires et complémentaires
Dépens à sa charge. »

Telle est la sentence prononcée par le juge contre cette citoyenne dont il a pourtant conscience qu'aucun des faits qui lui sont reprochés ne constitue au regard de la loi ni crime, ni délit.

Force de la loi ou
Loi de la force ?

En votre âme et conscience…

Lorsque le collectif des Avocats chargés de la défense de Me Lydienne YEN EYOUM a décidé celle-ci de m'approcher pour renforcer sa défense, je n'ai pas hésité le moins du monde, et comme un seul homme, nous avons convenu de rencontrer le Chef de l'Etat en sollicitant une audience qui nous permettrait de l'entretenir du dossier.

Le dossier, en effet, semblait se présenter comme opposant l'Avocate à la Société Générale de Banques au Cameroun, en abrégé la SGBC, pour un conflit d'honoraires, ainsi que le répandait le vice-Premier Ministre, Ministre de la justice, Garde des Sceaux, Monsieur Amadou ALI, qui en faisait une affaire personnelle et n'arrêtait pas de confier à qui veut l'entendre, que Me Lydienne YEN EYOUM n'a pas à confisquer des fonds qui ne lui appartiennent pas, que souffrant d'un conflit d'honoraires, elle n'a qu'à saisir le Bâtonnier de l'ordre pour se les faire attribuer par taxe. Or la SGBC n'est pas cliente de Me Lydienne YEN EYOUM ; le client de notre Consœur est l'Etat du Cameroun, agissant aux lieu et place de l'ex-ONCPB, établissement public en liquidation, et n'étant confrontée à aucun conflit d'honoraires avec ce client, le recours au Bâtonnier serait sans objet.

Pour nous, et vu sous cet angle, il s'agissait d'éviter un procès qui ne pouvait qu'exposer sans un réel intérêt les magistrats à ***« un cas de conscience »*** dont l'issue ne pourrait que gratuitement ternir l'image de la Justice du pays, sachant que la loi portant organisation de la profession d'Avocat au Cameroun a prévu une structure juridique propre à régler tous conflits d'honoraires entre les Avocats et leurs clients.

Nous étions quatre Avocats associés à la défense de Me Lydienne YEN EYOUM, deux Anciens membres du Conseil de l'ordre, Me KOUENGOUA et Me MONGUE DIN, et deux Anciens Bâtonniers de l'ordre, Me EBANGA EWODO et moi-même. Ni le Président de la République, ni le Ministre d'Etat, Secrétaire général de la Présidence de la République ne nous ont accordé l'audience sollicitée. Certes, avons-nous été reçus à la Présidence de la République, mais tout simplement par le Chef de la Cellule juridique, Monsieur FOUMANE AKAME, assisté de son principal collaborateur, Monsieur YAP ABDOU. Les débuts de la rencontre faisaient froid dans le dos. Ces Messieurs étaient sur la défensive, ignorant tout du sens de notre demande d'audience, un vent de suspicion semblait souffler au-dessus de nos têtes, surtout qu'ils avaient conscience de ce qu'il ne nous échappait pas que c'est à partir de cette cellule juridique qu'en matière pénale, l'action publique est mise en mouvement.

Etant le plus ancien dans l'ordre de préséance, c'est donc à moi qu'il revenait d'exposer l'objet de notre démarche. Pendant près d'une heure, ces Messieurs de la Présidence de la République nous ont écouté avec une attention surprenante jusqu'au moment où l'atmosphère décrispée, Monsieur FOUMANE AKAME nous a confié qu'ils étaient parfaitement au courant de ce que nous avons exposé, mais que c'est bien eux (je veux dire la Présidence de la République), qui ont commandité l'enquête de la Police

Judiciaire, le Ministre de la justice, Monsieur Amadou ALI, ayant jugé celle menée par le Secrétariat d'Etat à la Défense (le SED) ***« peu fiable »*** à l'idée que le procès-verbal dont les conclusions aboutissaient à l'absence de toutes malversations de la part de notre Consœur, Me Lydienne YEN EYOUM, dans l'exécution de sa mission, s'est retrouvé, sans qu'il ne puisse se l'expliquer entre les mains de l'Avocate.

Pour nous, l'enquête faite par le SED, comme celle faite par l'Agence Nationale d'Investigation Financière (l'ANIF), était aussi irrégulière que celle diligentée par la Police judiciaire, et les procédures initiées à la suite des dénonciations faites par la SGBC et le Vice-Premier Ministre, Ministre de la justice, Garde des sceaux Amadou ALI, ne reposaient sur aucune base juridique autour de laquelle pouvait s'amorcer un débat, alléguant entre autres et en substance que Me YEN EYOUM aurait pratiqué sans un mandat une saisie attribution de créances abusive au préjudice de la SGBC pour se faire payer ses honoraires, que le Ministre des finances ABAH-ABAH lui aurait délivré un mandat spécial de recouvrer et de recevoir les sommes saisies, alors que l'Etat avait des comptes dans des banques primaires où ces fonds auraient pu être versés sans problème et surtout, que la décision autorisant la saisie n'étant pas encore définitive, cette saisie aurait été pratiquée au mépris d'une de ses circulaires. A croire que les circulaires des Ministres seraient au-dessus des lois et des décisions de justice. Par ce comportement, le Ministre de la justice faisait montre d'un zèle qui s'accommode mal avec la règlementation supra nationale de l'OHADA qui organise, dans ses articles 49,159 et suivants, la procédure en cas de contestations d'une saisie-attribution de créances dans l'Acte Uniforme OHADA sur les voies d'exécution.

Mais au Cameroun, comme ailleurs, le Roi ne peut mal faire. Le dossier a donc évolué comme le Roi l'a voulu, pour aboutir à la condamnation inique de Me Lydienne YEN EYOUM à cette peine infamante de 25 ans d'emprisonnement, à la confiscation de ses biens, à la déchéance civile, outre les peines pécuniaires et éventuellement sa radiation du Barreau.

Lorsque dans un pays, l'on se donne des libertés dans la lecture de la loi, domaine d'interprétation donc, sachant *qu'il est parfois nécessaire que les lois soient interprétées pour que l'esprit dans lequel elles ont été édictées ne soit pas trahi et afin qu'elle ne soit pas injuste dans son application*, lorsque l'on foule aux pieds les *règles de procédure (*que celle-ci soit pénale ou qu'elle soit civile), entendue *« branche de la science du droit ayant pour objet de déterminer les règles d'organisation judiciaire, de compétence, d'instruction des procès et d'exécution des décisions de justice »*, **des erreurs judiciaires s'installent et l'on s'éloigne de l'Etat de droit**.

Le KENYA s'est refusé de verser dans cette dérive, et sa Cour suprême n'a pas hésité à annuler la dernière élection présidentielle qui lui paraissait par trop truffée de tripatouillage, de manipulations frauduleuses. Pour l'adversaire du Président sortant, Monsieur KENYATTA, Monsieur ONDIGA, la réaction est fort juste :

« Un jour historique pour le peuple kenyan et
par extension pour les peuples du continent africain ».

J'ai en aversion l'injustice. Je déteste tous ceux qui abusent des pouvoirs qu'ils détiennent de la loi pour réduire à néant ceux qui, en raison de leur épanouissement et de leur charisme, pourraient leur faire de l'ombre. Ce sont des lâches, de cyniques individus, sans foi ni loi. Aussi, sans être Emile Zola, je me battrai jusqu'à mon dernier souffle pour les mettre hors d'état de nuire.

Combien de juges tout au long de leur carrière ont le courage de se regarder dans un miroir, de se demander en leur âme et conscience, combien d'innocents ils ont jetés en prison, brisé de vies, tout simplement pour le bonheur de ceux dont ils attendent tout en récompense, pour l'évolution de leur carrière !

Question sans réponse

Je n'arrive pas à me remettre du broyage judiciaire dont Me Lydienne YEN EYOUM a fait l'objet, et ***c'est pour rendre compte de la vérité des faits*** *que je me suis imposé de coucher sur le papier ce que je sais du dossier, un dossier qui n'aurait pas dû en être un.*

L'intérêt de l'histoire n'est-il pas d'abord de lutter contre l'oubli ?

Le silence est un ami qui ne trahit jamais. Mais il est des moments où rompre le silence devient une nécessité, que dis-je, **un devoir**.

Pour Confucius, l'ouvrier qui veut bien faire son travail doit commencer par aiguiser ses instruments. Mais comme ma démarche n'est fondée que sur l'expression de la vérité, je ne crains aucun mal, et aucune embuche ne me ferait reculer.

La lutte engagée par le Chef d'Etat contre ceux qui portent atteinte à l'économie nationale par des détournements de fonds publics ne peut qu'entrainer l'adhésion de tout citoyen responsable. J'en suis un.

Seulement, cette lutte ne sera audible et ne portera ses fruits qu'autant qu'elle saura s'accompagner, loin de tout parti pris, du respect scrupuleux, à la limite *« tatillon »* des lois et des valeurs auxquelles la République est attachée et qui placent jalousement **le CAMEROUN sous le règne d'un Etat de droit**.

Chacun a droit à la justice et doit être jugé avec sérénité, sans haine ni passion, loin de tout esprit de règlement de comptes.

Ceux à qui est confiée, au nom de la République, la charge de juger doivent en permanence avoir en esprit un certain nombre de principes directeurs sans lesquels la justice ne sera *qu'un vaste champ de l'arbitraire.*

- L'indépendance et le souci de neutralité du Juge
- La présomption d'innocence
- La quête devant toute infraction de l'élément moral: l'intention délictuelle
- L'égal traitement des parties au procès
- L'instruction de toute affaire à charge et à décharge
- Se rappeler que l'obligation d'apporter son concours à la justice en vue de la manifestation de la vérité s'impose à tous, aussi bien aux personnalités publiques qu'aux personnalités privées

  (civ. 1ère 21 juin 1988 Bull. civ.I.201)

  Elle s'impose à tous, quelle que soit la nature juridique du détenteur de l'information.

De jurisprudence, dès lors que le juge est compétent pour connaitre d'un litige à l'occasion duquel une partie lui demande d'ordonner à un tiers de produire un élément de preuve, il peut sans méconnaitre le principe de la séparation des pouvoirs prescrire une telle mesure, même si le tiers est une personne publique.

Dans ce dossier beaucoup de témoins qui ont été cités, et qui auraient pu être des témoins à décharge, c'est-à-dire favorables à la défense, n'ont pas répondu présents, ni à l'enquête préliminaire, ni devant d'honorables juridictions, sans que le Parquet n'ait fait le moindre effort pour leur comparution, tellement pour son accusation leur défaillance l'arrangeait. Ce faisant, lui qui est Maitre des poursuites, oubliait tout simplement, à moins de faire seulement semblant d'oublier, que

Le code pénal punit sévèrement ceux qui refusent d'aider la Justice à accomplir sereinement sa mission

Le principe de l'instruction à charge et à décharge en prenait un coup, tout aussi bien celui de l'égal traitement des parties.

S'agit-il d'un simple détail, ou d'une omission savamment entretenue ?

Le long de la procédure, comme une bombe qui nous tombait sur la tête, nous apprenons par le Journal **« L'ŒIL DU SAHEL »** dans son n° 562 du 09 décembre 2013, que l'Opération EPERVIER n'était qu'une *« nébuleuse »* pilotée à partir de la Présidence de la République et que le vice-Premier Ministre, Ministre de la justice, Garde des sceaux, Monsieur Amadou ALI, aurait révélé à l'attention du Chef de l'Etat, par une correspondance datée 15 mars 2011,l'état d'utilisation des fonds mis à sa disposition, un pactole de 300 millions de francs CFA en appui à la lutte contre la corruption, le détournement de deniers publics et le blanchiment d'argent.

Justice aux ordres, ou mise en conditions des juges désormais soumis à une obligation de résultats ?

Interrogation que se poserait tout esprit libre.

Mais à partir du moment où les fonds publics sont remis aux juges en marge de leurs rémunérations officielles, sans que le législateur ne l'ait décidé, nous sommes en droit de nous demander si la corruption ne commence pas par-là, et si la résistance du juge aux puissances d'argent n'en prend pas un coup ?

Sans qu'il nous soit donné de savoir dans quelles banques cet argent a été logé, ni quelles en étaient les modalités de décaissement, à la date du 15 mars 2011 il ne restait plus en banque que la somme de 5 millions de francs CFA et en caisse celle de 5 millions 7 sur les trois cents millions de francs CFA, nous renseigne l'article du journal.

Justice aux épices, ou achat des consciences ?

Nous détenons à disposition des noms de hauts magistrats qui ont bénéficié de ces avantages illicites en marge de leurs rémunérations officielles.

Mais nous n'arrêterons jamais de nous demander avec quelle conscience ces magistrats vont rendre la justiceet dire le droit.

Me Lydienne YENEYOUM a été arrêtée à la suite d'une véritable *« lettre de cachet »*, adressée par la Présidence de la République au Ministre de la Justice, Garde des Sceaux. Cette lettre, datée du 28 décembre 2009, notifiait au Ministre de la justice l'accord du Chef de l'Etat pour que Me Lydienne YENEYOUM soit poursuivie comme auteur principal du crime de détournement de deniers publics…

> *« Faisant suite à votre correspondance en référence,*
> *« J'ai l'honneur de vous notifier l'accord du Chef de l'Etat à vos propositions tendant à faire déférer Maitres EYOUM YEN Lydienne et BALENG MAAH Célestin, les nommés ABAH-ABAH Polycarpe, ENGOULOU Henri et NGWEM Honoré au Parquet du Tribunal de Grande Instance du MFOUNDI en vue de l'ouverture d'une information*

judiciaire contre eux, avec mandat de détention provisoire du chef de détournement de deniers publics et complicité…»
« Vous voudrez bien me faire connaitre pour la Très « Haute information du Chef de l'Etat, l'exécution de ces diligences. »

Cette instruction du Chef de l'Etat, outre qu'elle viole le principe de la séparation des pouvoirs, soumettant le pouvoir Judiciaire sous l'autorité du pouvoir Exécutif, elle viole aussi le principe de la compétence territoriale des tribunaux. Les faits incriminés ont fait l'objet d'une saisine du Parquet général près la Cour d'Appel du Littoral, qui a commis dans la cause une enquête préliminaire, diligentée et clôturée. La Cour d'Appel du Littoral étant celle de la juridiction du lieu où demeure et exerce Me Lydienne YEN EYOUM, poursuivie comme auteur principal, restait par voie de conséquence la Cour d'Appel du lieu où l'infraction présumée a été commise, et partant, la Cour d'appel compétente.

Le Chef de l'Exécutif n'avait donc ni pouvoir, ni qualité pour dessaisir ce Parquet, transporter d'autorité la cause dans une autre localité et ordonner une 2ème enquête préliminaire.

La transmission du rapport d'enquête préliminaire au Procureur de la République près le Tribunal de Grande Instance du MFOUNDI procède donc d'une violation manifeste des articles 139 et 140 du code de procédure pénale.

L'article 139 dispose :

« Le Procureur de la République est destinataire de l'original du procès-verbal relatif aux infractions commises dans son ressort et relevant des juridictions de droit commun »

M[e] YEN EYOUM étant présumée être l'auteur principal de l'infraction poursuivie et cette infraction est présumée avoir été commise à DOUALA, lieu de sa résidence, l'original du rapport d'enquête préliminaire ne devait être adressé qu'au seul Procureur de la République près le Tribunal de Grande Instance du WOURI.

L'article 140, quant à lui, déclare compétent le Procureur de la République.

- *du lieu de la commission de l'infraction*
- *Soit du lieu du domicile du suspect*
- *Soit du lieu d'arrestation du suspect*

C'est donc pour se loger dans le troisième volet et se donner une couche de légalité que l'arrestation a été organisée à YAOUNDE **: mais en un véritable kidnapping.**

Une telle arrestation, dans un Etat de droit, ne peut être regardée que comme faite en fraude de la loi, une véritable voie de fait donc, car M[e] YEN EYOUM ne se trouvait pas à YAOUNDE comme un suspect en fugue, mais comme un citoyen libre, vaquant à ses occupations, et le Procureur de la République du Tribunal de Grande Instance du MFOUNDI était donc manifestement incompétent pour diligenter les poursuites contre elle sans s'exposer à la violation des dispositions de l'article 117 al.3 et surtout de l'article 140 alinéa 2 du Code de Procédure Pénale (CPP) qui donne préférence au Procureur de la République près le Tribunal de Grande Instance du WOURI.

> *«...en cas de saisine concurrentielle, la priorité revient au Procureur de la République du lieu de la commission de l'infraction »*

Poursuivant l'analyse de cette lettre de la Présidence de la République, il n'est pas sans intérêt de noter que c'est bien le Président de la République qui a décidé de mettre sous mandat de dépôt les accusés et de donner une qualification juridique aux faits, se situant ainsi au-dessus du Pouvoir judiciaire qu'il place sous son Autorité en violation flagrante de notre loi fondamentale, plus spécialement dans son article 37 alinéa 2 qui dispose :

> « *Le Pouvoir Judiciaire est exercé par la Cour Suprême, les Cours et Tribunaux. Il est indépendant du Pouvoir Exécutif et du Pouvoir législatif* »

*

* *

« *Malheur à celui qui jugera le plus petit des miens* », lit-on quelque part dans les Saintes Ecritures. Et pourtant, pour une vie sociale paisible, il faut des règles de jeu dont l'inobservation expose à sanctions. Ce sont ces sanctions que nos cours et tribunaux sont appelés à prononcer en cas d'écarts de comportement. C'est un privilège qui n'est pas donné au premier venu.

Mais juger n'est pas chose aisée.

Pour un Avocat, assurer la défense d'un Confrère n'a jamais été non plus une chose aisée. Des considérations tendancieuses viennent insidieusement juger de la manière dont il approche le dossier, surtout de la part du public, un public bien méfiant. Sans doute, par esprit de corps, voudra-t-il en faire trop ! Sans doute se montrera-t-il par trop partial. Mais un Avocat, bien qu'étant un Confrère, face aux tribunaux reste un justiciable comme tous les autres, et le souhait du Confrère chargé de le défendre est que la défense à laquelle il a droit ne soit pas regardée comme un ***« passe-droit »***.

Et ce genre de dossier ne va pas non plus sans *« embarrasser le Juge »*, dont l'Avocat reste un collaborateur privilégié; il sera nécessairement partagé entre la crainte de représailles de la part de sa hiérarchie, pour peu qu'il ne serait pas totalement indépendant de pensée, et son devoir de dire le droit, rien que le droit.

Le Président Paul BIYA lance une vaste campagne pour l'assainissement des finances publiques. Il s'agit pour lui essentiellement de mettre sous main de Justice tous ceux qui portent atteinte à la fortune publique par des MANIPULATIONS FRAUDULEUSES, des détournements de deniers publics donc.

Le fait n'était pas nouveau dans le paysage juridico-judiciaire du Cameroun. Il était en effet déjà prévu et fortement réprimé par le code pénal qui, dans son article 184 condamnait à un emprisonnement à vie tous ceux qui viendraient à détourner des fonds appartenant ou destinés à l'Etat d'un montant supérieur à la somme de 500.000 francs CFA. Le fléau devenant sans commune mesure, nous ne pouvions donc que nous en féliciter.

Mais une chose restait cependant inquiétante, l'instauration par la nouvelle loi d'*« une juridiction spéciale »* pour connaitre de ces crimes, et la possibilité donnée aux accusés de rembourser les sommes prétendues détournées et ainsi échapper aux rigueurs de la loi. C'était là ouvrir la porte à un arbitraire qui ne pouvait que justifier les craintes de tout observateur de bonne foi, car il donnait des *« yeux sélectifs pour discriminer »* à l'opération baptisée par la Presse du nom d'EPERVIER.

Le contexte de l'assainissement des finances publiques, et les passions qu'il suscitait ne créaient pas non plus le climat de sérénité qu'exige une bonne Justice. Trop de sentiments, souvent pas très nobles, pour ne citer que la jalousie, les règlements de comptes, la haine, la guerre des clans, animent en effet les uns et les autres, faisant fi de toute objectivité. On parle des milliards comme on parlerait de cacahuètes, et une presse à sensations de s'en donner à cœur joie.

C'est dans cette ambiance que Me Lydienne YEN EYOUM est jetée en pâture. Il lui était reproché un détournement de plus d'un milliard de francs, beaucoup d'argent donc, à un moment où la campagne d'assainissement des finances publiques engagée par le Chef de l'Etat suscitait de son côté un engouement populaire, même par hypocrisie, terrain de prédilection du Camerounais, trop enclin aux divers et à la ruse.
Il importe donc de nous garder de tout amalgame, et surtout de montrer que nous savons raison garder.

La Justice n'en sortira que grandie

Lydienne YEN EYOUM est Avocate au Barreau du CAMEROUN depuis le 08 octobre 1987, vingt-sept ans donc d'une vie consacrée au service de la justice. Avocate stagiaire à 25 ans. Elle devient Avocate pleine, à même de voler de ses propres ailes à 27 ans. Rien là d'extraordinaire, mais dans le contexte de nos pays en émergence, ceci n'est pas peu dire, à l'idée qu'elle est issue de la gente féminine et qu'elle évolue dans un monde dominé par des phallocrates. Depuis, elle mène sa carrière sans que, ni les Organes de son Ordre, ni ses Confrères, ni les cours et tribunaux, pas même ses Clients, n'aient eu à se plaindre de la manière dont elle exerce son art.

Monsieur AKAME MFOUMOU, Ministre d'Etat en charge des finances de la République, qui lui a fait l'honneur de lui confier la défense des intérêts de l'Etat, dira d'elle...

> *« Lorsque Me YEN EYOUM a été amenée à travailler les dossiers du MINFI, certaines personnes ont pensé tout de suite qu'il s'agissait d'arrangement, alors qu'elle avait été retenue en raison de son efficacité et de sa compétence »*

C'est cette Avocate-là qui se trouve aujourd'hui au banc de l'infamie, mise sous main de justice et placée sous mandat de dépôt depuis le 11 janvier 2010 dans des conditions qui sont bien loin d'honorer

Le 08 janvier 2010, *« un jour mémorable »*, Me Lydienne YEN EYOUM est interpelée à Yaoundé où elle se trouvait, venue spécialement pour déposer des recours auprès du Chef de l'Etat, sentant l'étau se resserrer sur elle.
Ce matin-là, une armée bardée d'armes d'assaut encercle le quartier de l'Hippodrome où elle logeait chez son oncle, un Ancien Ministre des Finances de la République ; elle tient en joue toutes les personnes qu'elle trouve dans cette propriété familiale. Le maitre des lieux n'est pourtant pas un vulgaire trainard de la rue. De plus il revient d'une évacuation sanitaire en Europe et a besoin d'un minimum de quiétude... *l'émotion aurait même pu l'emporter.*

Cette escouade de policiers diligentés pour cette arrestation va jusqu'à briser la clôture de cet honorable citoyen qui n'a rien d'autre à se reprocher que d'être parent de cette Avocate, à ramener, *morte ou vive*, dirait-on.

Le siège durera jusqu'à ce qu'elle soit extraite du salon feutré de son Ancien Ministre d'Oncle

Je m'interroge…
Oui, je m'interroge!

Est-ce que vraiment la mise sous-main de justice d'une Avocate, Collaboratrice privilégiée de la justice, s'il en est, qui a fait entrer des milliards de francs CFA dans les caisses de l'Etat, un Etat qui lui doit encore des centaines de millions de francs au titre de ses honoraires ,ainsi que le reconnait le Ministre du Budget, Monsieur Henri ENGOULOU, une dame si frêle, une citoyenne qui a pignon sur rue, et qui a toujours répondu présente, sans résistance, à toutes les convocations qui lui ont été faites à l'enquête préliminaire, pour s'expliquer sur les faits qui lui sont reprochés, méritait ce spectacle si désolant, digne des arrestations par la Gestapo, aux pires heures de l'époque nazie, de bien sinistre mémoire ?

Me Lydienne YEN EYOUM est en effet interpelée par plus d'une centaine d'hommes armés jusqu'aux dents, des forces spéciales utilisées pour le grand banditisme, conduits par le Commissaire Divisionnaire ENYEGUE, sans aucun mandat de justice, pour être *« présentée au Procureur de la République »*, lui aurait-on dit.

Elle est soulevée par un agent du GSO pour être déposée à l'arrière d'un énorme camion bleu du même nom, trop haut pour sa petite personne et aussitôt encadrée d'éléments armés.

A grands coups de sirènes et de gyrophares, le convoi de camions et de véhicules de police s'ébranle, stoppant tout au long du passage de ce cortège toutes les voitures. Elle est plutôt conduite à la Direction de la Police Judicaire quadrillée... là même où les enquêtes se sont déroulées plus d'un an auparavant.

Ironie du sort, même les enquêteurs, la découvrant là le soir en garde à vue, sont surpris...

« Mais que faites- vous là Maitre ?
Vous n'êtes pas sur la liste des personnes
Qu'on attendait. »

Et pourtant elle était bien là, mise en garde à vue, sans interrogatoire, ce vendredi 08 janvier 2010.

Le lundi 11 janvier, vers 23heures, elle est conduite, avec le Ministre ENGOULOU et l'huissier BALENG MAAH, interpelé à Douala, devant le Procureur de la République qui, arrivé à minuit passé, leur confie qu'il ne sait pas pourquoi ils sont là.

« Cette affaire n'est pas de mon ressort, peut-être le juge d'instruction en connaît-il davantage ».

Le Juge d'instruction n°1 les fait conduire vers une heure du matin chez le juge d'instruction n°2 qui est assisté d'un Substitut du Procureur.

Autant de séquences qui combleraient bien Agatha Christie

Là, vers deux heures du matin, les formulaires de détention prêts, le juge le leur tend pour signature.

Et c'est presque en suppliant, d'un ton gêné, qu'il leur demande de signer leur mandat de détention. M^e^ YEN EYOUM s'entend alors dire :

« Pardon ma sœur, nous avons les mains liées...»

Drôle de façon de traiter une sœur ? se dira, sans doute, M^e^ YEN EYOUM.

Etait-il nécessaire d'organiser une telle battue pour mettre sous-main de justice une citoyenne bien connue dans le pays, qui dispose d'une adresse qui n'est cachée de personne, bénéficie de la présomption d'innocence et est à même de répondre sans résistance à toutes convocations qui lui seraient adressées comme elle avait répondu à toutes les autres ?

*Et comme si cette privation de liberté ne suffisait pas,*voilà que *sa résidence personnelle à Douala*, hors de sa présence, va faire l'objet d'une perquisition en coupes réglées, sans ménagement et sans que l'on ne connaisse l'objet, *que tous***ses comptes vont être saisis et ses loyers bloqués** en sorte qu'aujourd'hui elle ne peut ni payer les salaires de ses collaborateurs, ni honorer le paiement de ses traites en remboursement de ses crédits, payer son eau et son électricité.

Que sais-je encore !

Sans ajouter à ce drame, il n'est pas sans intérêt de rappeler que ***son passeport,*** *un outil de travail,* ***lui a été retiré*** par les limiers de la police judiciaire depuis des lustres, restreignant par là sa liberté de circuler et partant de travailler, plaidant aussi bien à l'intérieur du pays qu'à l'extérieur.

Le Premier Président de la Cour Suprême du Cameroun, Monsieur DIPANDA MOUELLE, à l'occasion de la Rentrée Solennelle de ladite Cour pour l'année judiciaire 2010, citant l'article 16 de la Déclaration des droits de l'homme et du citoyen du 26 août 1789, dira sans sourciller

> *« Toute société dans laquelle la garantie des droits n'est pas assurée, ni la séparation des pouvoirs, n'a point de constitution »*

Et ce Haut Magistrat, citant la jurisprudence, d'ajouter :

« Il n'appartient ni au législateur, ni au gouvernement de censurer les décisions des juridictions, d'adresser à celles-ci des injonctions et de se substituer à elles dans les litiges relevant de leur compétence »

Hypocrisie ou simple jeu de l'esprit !

Toujours est-il que dans un Etat de droit le juge d'instruction n'a pas à obéir aux injonctions contenues dans une lettre du Secrétaire général de la Présidence de la République, alors et surtout que celle-ci viole gravement le principe de la séparation des pouvoirs posé dans l'article 37 alinéa 2 de la constitution, *loi fondamentale du pays* et porte atteinte au principe de l'indépendance du pouvoir judiciaire, toutes considérations qui rendent nuls et de nuls effets tous les actes subséquents de l'instruction posés.

Nous l'avons soulevé.

Et c'est bien ce qui justifiait la procédure du recours à l'habeas corpus vers laquelle la défense de LYDIENNE YEN EYOUM s'est orientée, mais dont les juges n'ont jamais voulu connaitre, abusant des manipulations que la bonne justice réprouve, jusqu'à faire dire que la loi n'a pas prévu de pourvoi en cassation en matière d'habeas corpus.

ô paradoxe outrancier !

*

* *

Que reproche-t-on donc à Me Lydienne YEN EYOUM ?

D'être auteur principal du crime de détournement de deniers publics, en coaction ou complicité avec le Ministre des finances ABAH-ABAH, le Ministre délégué au budget,

Henri ENGOULOU, aujourd'hui décédé (paix à son âme), Monsieur NGWEM Honoré, le Directeur des affaires juridiques de ce double ministère et l'huissier instrumentaire Me MAAH BALENG.

Si les faits s'avéraient, c'en serait fini d'une carrière qui rendrait jaloux plus d'un. Et si nous ne sommes qu'en présence d'un procès d'intention, une simple plaisanterie donc, celle-ci, permettez-moi de la qualifier, serait d'une grossièreté qui hérisserait le poil du monstre le plus froid. Me Lydienne YEN EYOUM en sortira victorieuse, mais il s'agira d'une victoire au goût amer, qui lui aura couté plus de cinq années de privation de liberté, et surtout sa réputation en restera ternie.

L'examen de ce dossier peut être fait de manière linéaire mais nécessairement réductrice

L'Avocate YEN EYOUM aurait recouvré des fonds pour le compte de l'Etat mais en a conservé une partie sans droit, il y aurait détournement : et s'agissant des fonds revenant à l'Etat, il y aurait détournement de deniers publics. C'est ainsi que les collaborateurs du Chef de l'Etat lui ont présenté le dossier, l'exposant, ce faisant,à la risée de tous de la conférence de presse qu'il a tenue à Yaoundé avec le Président français Monsieur François HOLLANDE ; c'était là faire preuve d'un amateurisme qui est loin du professionnalisme que l'on est en droit d'attendre d'une justice responsable, en permanente quête de la vérité, pour le triomphe de la paix sociale.

Le dossier est complexe

Mettant en cause des protagonistes, acteurs hors du commun, il exige du Juge de la minutie, l'examen objectif et sans passion des faits dans le respect le plus strict du sacro- saint principe de l'impartialité jusqu'au petit détail, car il y va de la liberté des citoyens pour les uns, du devenir professionnel pour les autres.

Que de fois des compatriotes m'ont interpellé, s'écriant :

> *Maitre, c'est beaucoup d'argent hein ?*
> *Elle est trop gourmande votre cliente, dites-lui de rembourser au moins une partie.*

Un juge m'a même dit avoir suggéré à ma cliente de rembourser cet argent pour sauver son honneur ; ainsi le dossier sera classé.
Des Confrères n'y allaient pas de main morte

> *Quand elle pavanait au haut de l'échelle avec les grands, elle n'avait pour nous que du mépris, qu'elle apprenne aujourd'hui l'humilité du fond de sa cellule de NKONDEGUI…*
> *Indécent… Tristement indécent...*

Et j'en passe !

Un dossier en justice est un tout, avec ses complications, son sac de nœuds. Chacun de ses éléments doit être pris en compte, passé au crible, décortiqué, à la limite scruté la conscience des mis en cause. Et sachant que nous sommes en matière pénale, le juge ne doit pas perdre de vue qu'il n'y a pas d'infraction sans intention délictuelle.

La démarche par déduction dans cette matière est proscrite.

- Le premier élément de complexité du dossier vient du comportement de l'ancien Ministre AKAME M'FOUMOU.

- Le deuxième élément vient de la Société générale de banques au Cameroun, la SGBC.

- Le troisième vient du comportement ambigu de l'ancien Ministre MEVA M'EBOUTOU, à la limite du ridicule, sans doute par crainte des foudres du haut sommet de l'Etat.

- Le quatrième vient du comportement du Ministre de la Justice Amadou ALI et son Procureur général qui feignent malicieusement d'ignorer que la Justice n'est pas aux ordres de l'Exécutif.

Ailleurs le ridicule tue.

Mais à l'occasion de ce dossier, *« Etat du Cameroun contre Me Lydienne YEN EYOUM & autres »*, j'ai pu me rendre compte que le ridicule a cessé de tuer.

En effet, à un moment donné dans le cours de cette procédure, deux Ministres de la République avaient la charge de représenter l'ex-ONCPB dont les intérêts sont confiés à l'Etat du Cameroun, en tout cas, chacun en avait la conviction et chacun dans la cause avait son Avocat, Monsieur BELLO BOUBA MAÏGARI, Ministre du développement industriel et commercial (MINDIC) d'un côté, et Monsieur Edouard AKAME M'FOUMOU, alors Ministre d'Etat en charge des finances de l'autre. L'Avocat de l'un concluait pour voir condamner l'Etat du Cameroun ex-ONCPB qu'il défendait tandis l'Avocat de l'autre plaidait pour voir décharger de toutes condamnations l'Etat du Cameroun ex-ONCPB qu'il entendait défendre de son côté.

Le ridicule a cessé vraiment de tuer. Ainsi, pour s'approprier de modiques intérêts pécuniaires que sous-tendait le dossier, ces éminents membres du Gouvernement ne reculaient pas devant le ridicule tandis que nos chers Maitres du Barreau n'éprouvaient, dans cette ambiance, aucun scrupule à présenter leurs notes d'honoraires.

Oui, le ridicule a cessé de tuer !

Il a fallu l'arbitrage du Premier Ministre, Monsieur ACHIDI ACHU, pour mettre fin à ce qui devenait une cacophonie, un véritable désordre, confiant d'autorité la gestion de la liquidation de l'ex-ONCPB au seul Ministère des finances.
Et à la question du Ministre de la justice, Garde des Sceaux, Monsieur Amadou ALI, de savoir, dans ce dossier, *pour qui Me Emmanuel MBIAM était intervenu*, Monsieur NSOGA Emile Zéphirin, Directeur des affaires pénales et des grâces au Ministère de la justice a répondu que

« Me MBIAM était l'Avocat du MINFI au départ et de la SGBC par la suite »

Ceci constitue une faute dans la déontologie de la profession d'Avocat, mais nulle part, on n'a ressenti la réaction de ce Garde des Sceaux qui se voulait pourtant régisseur des consciences de tous.

Tel n'est vraiment pas le Cameroun dont j'ai rêvé en legs de nos ancêtres.

*

* *

Le Premier Elément de la Complexité
Monsieur AKAME M'FOUMOU
Ministre d'Etat en charge de l'économie et des finances

Un Responsable ondoyant, qui part de la rigueur à la connivence, parfois même, à la limite de la corruption.

L'homme est à l'origine du contentieux qui nous vaut ce procès.
Le 25 février 2011, en confrontation devant le juge d'instruction,

Monsieur AKAME M'FOUMOU déclare :…

> *« Lorsque Me YEN EYOUM a été amenée à travailler les dossiers du MINFI, certaines personnes ont pensé tout de suite qu'il s'agissait d'arrangement, alors qu'elle avait été retenue en raison de son efficacité et de sa compétence ».*

Mais en allant négocier avec la partie adverse, il va faire fi de cette compétence et se mettre au service des intérêts dont il reste seul juge, apparemment loin de toute idée d'assurer la protection de la fortune publique

Rappel partiel des faits

L'ex-ONCPB cède les 36.094 ACTIONS qu'elle détenait dans le capital de la société BARRY SA pour un montant de F.CFA 3.637.972.800 à cette société qui vire le fruit de la cession à la SOCIETE GENERALE à PARIS dans un compte ouvert au nom de l'ex-ONCPB

Les fonds seront virés au CAMEROUN, d'abord à la SCB, puis à la SGBC qui les transfère irrégulièrement dans un compte ouvert dans ses livres au nom des Ets GORTZOUNIAN pour un montant de 3.219.804.822 FRANCS, au motif que le Ministre du Développement Industriel et Commercial (MINDIC) le lui aurait demandé en extinction de la créance de cette société sur l'Etat.

PREMIERE PROCEDURE

- L'Ordonnance d'injonction de payer

Face à cette attitude de la SGBC, la liquidation ex-ONCPB lui fait signifier le 13 juin 1994 une ordonnance d'injonction de lui payer la somme de 3.987.972.800 francs en principal et intérêts, intervenue le 10 juin 1994 sous n° 307/92/94.

DEUXIEME PROCEDURE :

- Contredit contre l'ordonnance d'injonction de payer

Ignorant sa qualité de tiers-détenteur, la SGBC saisit le Tribunal de Grande Instance du Wouri à DOUALA d'un contredit, mais n'obtenant gain de cause dans aucune des procédures qu'elle avait initiées dans une étonnante légèreté vis-à-vis du Droit le plus élémentaire,

La SGBC prend langue avec le Ministre des finances, Monsieur AKAME M-FOUMOU, lequel, dans un de ses échanges fournis de correspondance, dit au Directeur général de la SGBC :

POURPARLERS AVEC LE MINISTRE DES FINANCES

Lettre n° 884/CF/MINEFI/SG/DAJ
Du 08 mars 1999

> *Monsieur le Directeur général,*
> *Le procès relatif au produit du rachat des actions appartenant à l'ex-ONCPB dans le capital de la société BARRY S.A et qui est actuellement détenu par votre Banque touchera probablement à sa fin incessamment afin d'éviter des remous préjudiciables à la bonne marche de la liquidation…*
> *J'ai l'honneur de vous demander de procéder, dès signification de l'arrêt de la Cour d'appel du Littoral à intervenir, au transfert de la somme déterminée par la justice dans le compte ex-ONCPB.*
>
> *Il est donc nécessaire que votre Etablissement se conforme à la loi et aux décisions de justice…*

Lettre n° 1363/CF/MINEFI/SG/DAJ
Du 5 mai 2000

En vous rappelant notre échange de correspondance… et m'appuyant sur le commandement servi le 04 mai 2000 à la SGBC…
J'ai l'honneur de vous demander de bien vouloir virer la somme de F.CFA 3.987.972.800 au compte réserves de l'ex-ONCPB.
Au sujet de la déduction du montant de F.CFA 408.168.800 de la somme de 3.987.972.800, il est évident que dans le contexte actuel, cette demande est irrecevable pour plusieurs raisons :

- *a) L'arrêt rendu par la Cour d'appel de DOUALA est définitif*

- *b) La SGBC s'est engagée à ne pas s'y opposer et à exécuter sans réserve la décision de la Cour en sa globalité….*

Lettre du 02 juin 2000

« …j'estime par conséquent qu'il revient à votre banque de mettre un terme à cette procédure dilatoire et de vous libérer, comme indiqué dans le commandement, afin de faire cesser le préjudice… Le profit considérable que votre banque tire de cette situation ne devrait pas primer les intérêts de l'Etat… »

Lettre du 05 janvier 2001

« J'ai l'honneur de vous confirmer que le devoir du Ministre de l'Economie et des finances d'assurer la

protection de la fortune publique ne me permet pas de lever la mesure de saisie-arrêt pratiquée sur votre compte à la BEAC au titre la liquidation de l'ONCPB... »

Plus importante encore sera cette correspondance du Ministre AKAME M'FOUMOU au Ministre d'Etat, Secrétaire général de la Présidence de la République.

Lettre n°238/CF/MINEFI/SG/DAG
Du 05 janvier 2001

« ...En accusant réception de votre message de référence me prescrivant de lever partiellement l'Avis à Tiers Détenteur du Trésor à la SGBC sur un compte Liquidation ex-ONCPB.
Compte tenu de la gravité des actes ainsi posés, l'intervention du Ministère de l'Economie et des finances devrait être comprise comme le seul moyen en pareil cas de sauvegarder la fortune publique et les intérêts de l'Etat...
Dans ces conditions il ne m'est pas possible de donner suite à vos prescriptions...»

Comment comprendre que ce même Ministre d'Etat, Monsieur AKAME M'FOUMOU, qui par une lettre n° 783/CF/MINEFI/CAB du 06 mars 1998, avait constitué Me Lydienne YEN EYOUM Avocate en défense des intérêts de l'ex-ONCPB et de l'Etat du CAMEROUN contre la SGBC, en soit venu à transiger avec cette même SGBC sur le dos de l'Avocate qu'il avait constituée régulièrement, sans faire participer celle-ci à la transaction, ni même la tenir informée de l'issue, et sans même l'instruire d'arrêter la procédure en raison de cette transaction qui, pour lui, mettait fin au procès? Mieux, *qu'il ait même omis* de tenir ses services TECHNIQUES informés du sort réservé au dossier alors qu'il savait que celui-ci avait fait couler beaucoup d'encre et intéressait par ailleurs beaucoup d'intervenants jusqu'au niveau le plus élevé de l'Etat.

Comment comprendre qu'il en soit venu à renoncer à des sommes qui avaient été allouées à l'Etat, lui qui affirmait auparavant que…

> *« Le devoir du Ministre de l'Economie et des finances d'assurer la protection de la fortune publique ne lui permet pas de lever la mesure de saisie-arrêt pratiquée sur le compte de la SGBC à la BEAC au titre de la liquidation de l'ONCPB…»*

Comment le comprendre ?

Me Lydienne YEN EYOUM avait en effet fait condamner la SGBC à payer à l'Etat du CAMEROUN la somme, toutes causes confondues, de F.CFA 5.124.497.461,24, à laquelle s'ajoutait une astreinte de 10 millions de francs par jour de retard, ce qui portait, au moment où Monsieur AKAME M'FOUMOU transigeait avec la SGBC, la créance de l'Etat à une somme de plus de 14 milliards de francs.

Par cette transaction, l'Etat a perdu plus de 10 milliards de francs.

Et le Ministre AKAME M'FOUMOU, dans sa précipitation pour transiger, comme s'il craignait que le vent du remaniement qui s'annonçait ne l'emporte, est allé jusqu'à renoncer aux droits qui revenaient aux auxiliaires de justice, que sont Avocats et Huissiers, lesquels bénéficiaient d'une décision de justice devenue définitive,

des émoluments,
du droit de recettes,
des dépens, que sais-je encore,

Lui qui disait, dans sa lettre n° 1136/CF/MINFI/SG/DAJ du 02 mars 2001, écrivant au Directeur général de la SGBC

> *« Les dépens des Avocats sont légalement et irrévocablement dus par la partie qui succombe à l'action. »*

Alors, et surtout qu'il n'avait reçu des bénéficiaires aucun mandat pour transiger en leur lieu et place et était de ce fait sans qualité.

Une transaction de la honte, dirait un gentilhomme.

Mais si, pour le Ministre AKAME MFOUMOU, à la suite de cette transaction, le dossier était clos, il n'en était pas de même ni pour Me Lydienne YEN EYOUM, qui n'avait reçu de son client, *le Ministre des finances,* aucune instruction allant dans ce sens ; il n'était de même des services techniques du ministère qui ignoraient tout de cette transaction dont ils étaient froidement sevrés de l'existence par leur chef.

★

★ ★

Parlons maintenant de
LA SOCIETE GENERALE DE BANQUES AU CAMEROUN
(La S.G.B.C)

2ème Elément de la complexité

La SGBC nous rappelle ces structures de l'époque coloniale, nostalgiques d'un passé révolu, qui ont peine à intégrer le fait que le CAMEROUN, depuis son accession à l'indépendance, est devenu un Etat souverain dont les institutions doivent être respectées par tous.

Pour elle, nous ne serions qu'une République bananière, dont on ne fait des lois que des boules de papier.

Et pourquoi ne la percevrions-nous pas ainsi quand on voit que, confrontée à la Justice du pays, son seul souci est de la braver par des pressions qu'elle fait exercer sur cette Respectable Institution, grâce à ses relations au plus haut niveau de l'Etat.

Le 10 mars 1999, la Cour d'appel du Littoral à DOUALA, rend l'arrêt n°93/C condamnant la SGBC et les Ets GORTZOUNIAN à payer à l'Etat du CAMEROUN (MINEFI) et l'ex-ONCPB la somme totale de 3.987.982.800 francs ainsi répartie :

Principal	3.637.972.800
Intérêts et Frais	350.000.000

Suite au rejet par la Cour Suprême de la demande de sursis à exécution provisoire présentée par la SGBC, ledit arrêt est devenu définitif, acquérant ainsi l'autorité de la chose jugée.

De nouvelles décisions ont été rendues à l'issue d'autres procédures complémentaires, adjugeant à l'Etat du CAMEROUN (MINEFI) et l'ex-ONCPB des sommes supplémentaires.

C'est le cas notamment

- De l'ordonnance de référé n° 1135 du 21 septembre 2000 qui déboute la SGBC de sa demande de mainlevée de la saisie attribution pratiquée par l'Etat

- Et de l'ordonnance n° 299 du 31 janvier 2001 qui condamne la SGBC et la BEAC au reversement à l'Etat (MINEFI) de la somme de F.CFA 5.124.497.461,24 correspondant à la saisie attribution du 22 août 2000, sous astreinte de 10 millions de francs par jour de retard à compter de la date du prononcé de l'ordonnance, et d'une condamnation au paiement des intérêts et frais aux taux respectifs de 9% et 7%.

Cette saisie-attribution de créances est pratiquée sur les avoirs de la SGBC à la BEAC suivant procès-verbal de saisie de Me BALENG MAAH en exécution de l'ordonnance n° 299 du 31 janvier 2001 contre laquelle la SGBC avait interjeté appel, une saisie pour avoir paiement de la somme de Francs CFA 5.124.497.461,24, ventilée comme il suit :

Principal, intérêts et frais	3..987.982.800
Dépens au profit de M[e] YEN EYOUM	47.461.872
Dépens au profit de Me NININE	47.461.872
Droit de recette de l'Huissier	122.493.397
Coût du commandement du 4 mai 2000	15.225
Coût signification de l'ordonnance de rejet	11.700
Provision pour les intérêts à échoir	295.000.000
Frais de procédure	600.000.000
Coût du présent exploit	191.171

Au lieu de s'exécuter de bonne foi, ces décisions étant rendues au nom du peuple camerounais, avec à l'appui des réquisitions conformes du Ministère public, demandant chaque fois au juge de débouter la SGBC de sa demande
En témoignent :
Les réquisitions du Procureur Général
Du 08 décembre 1998

Requérons qu'il plaise à la Cour de confirmer le jugement entrepris en ce qu'il a déclaré le contredit de la SGBC mal fondé et ordonné l'apposition de la formule exécutoire.

Accorder à la liquidation ONCPB les intérêts de droit générés par les sommes dues.

La SGBC persiste et signe dans sa volonté de mettre à néant ces décisions de justice contre vents et marées.

Elle fait appel contre l'ordonnance n° 299 du 31 janvier 2001 qui la condamne au paiement des causes de la saisie et ordonne en outre à la SGBC et à la BEAC le reversement à l'Etat (MINEFI) de ces causes d'un montant de F.CFA 5.124.497.461,24.

La cause est plaidée et mise en délibéré.

Pendant que les parties attendent la décision du Juge d'appel, la SGBC, se rendant compte que l'addition risque de s'alourdir par le fait de l'astreinte de 10 millions de francs par jour de retard à compter du prononcé de la décision, se rapproche du Ministre AKAME MFOUMOU, en vue d'une transaction.

La SGBC constitue Me MBIAM Emmanuel Avocat pour mener l'opération à bonne fin pour son compte. Ce rapprochement aboutit à la transaction censée mettre fin au litige.

La SGBC remet à son nouvel Avocat, Me MBIAM Emmanuel,

- la photocopie d'un chèque de 3.637.972.800 de francs remis au Ministre des finances pour solde de tous comptes et

- la copie de la lettre de mainlevée de la saisie attribution de 5.124.497.461,24 de francs.

Me MBIAM verse aux débats ces documents en les remettant directement au Président de la Cour, non sans oublier que la cause était plaidée et mise en délibéré.

Et à la même occasion, agissant pour le compte de sa cliente, *la SGBC*, il se désiste de l'appel que celle-ci avait interjeté contre l'ordonnance n° 299 du 31 janvier 2001 qui la condamnait au paiement de la somme de 5.124.497.461,24 de francs sous astreinte de 10 millions de francs par jour de retard.

En fait, Me MBIAM jouait, sans s'en rendre compte, contre les intérêts de son client.

A la suite de ce désistement d'appel, et au vu du chèque du règlement pour solde de tous comptes et de la lettre de mainlevée de saisie, la Cour, vidant son délibéré, rend un arrêt dit contradictoire à l'égard des parties, donne acte à la SGBC de son désistement d'appel et aux parties de la prétendue transaction intervenue entre elles.

Monsieur AKAME MFOUMOU qui considérait l'affaire comme définitivement réglée se garde bien d'en parler à son Avocat Me Lydienne YEN EYOUM, d'instruire celle-ci d'arrêter la procédure en raison de l'arrangement intervenu, de même qu'il se garde d'en parler à ses Collaborateurs des services techniques de son ministère.

Ce malentendu, je dois dire, *cette rétention de l'information* de la part de Monsieur AKAME MFOUMOU, permet de comprendre pourquoi la SGBC qui croyait avoir transigé dans ce conflit, soutenait faire l'objet d'une saisie-attribution de créances abusive, qui la paralysait dans la gestion de ses finances.

Et c'est là que l'adage *« fraus omnia corrumpit »*, un adage juridique latin, qui signifie *« la fraude corrompt tout »* retrouve toute sa signification. Ainsi, pour tout ce monde, le dossier est encore en circulation quand Monsieur AKAME MFOUMOU quitte le Ministère, remplacé par Monsieur MEVA'A M'EBOUTOU avec qui Me Lydienne YEN EYOUM prend contact pour recevoir des instructions sur les dossiers en cours.

Le Ministre MEVA'A M'EBOUTOU côte le dossier contre la SGBC à Monsieur Henri ENGOULOU qui était Secrétaire général du Ministère des finances et qui deviendra par la suite Ministre du Budget.

C'est ici que le Ministre MEVA'A M'EBOUTOU apparait comme une curiosité, une *« marionnette »*, allant jusqu'à soutenir que durant tout le temps qu'il a passé à la tête du Ministère des finances, il n'a jamais entendu parler d'un litige opposant la SGBC à l'Etat du Cameroun (ex-liquidation ONCPB). Il ira même jusqu'à remettre en cause les petites notes de sa main par lesquelles il donnait des instructions, se demandant si l'écriture de ces notes était bien la sienne. Une honte. Un sauve qui peut, parce que la SGBC avait tellement fait pression au niveau de la Présidence de la République que le dossier était devenu brulant, *« la patate chaude »*.

En charge du dossier, Monsieur Henri ENGOULOU consulte les services techniques du Ministère dont les divers avis sont édifiants.
Il fait le point

Heureusement pour *l'honneur de la vérité*, rien que de *la vérité des faits*, les collaborateurs des services techniques du Ministère ont parlé.

I - De Monsieur NGWEM
Chef de la Division des affaires juridiques
Note n° 001340 du 15 novembre 2004
Adressée au Ministre

« ...une saisie-attribution est pratiquée sur les avoirs de la SGBC et la BEAC portant sur 5 124 497 461,24 francs CFA
Dans le souci d'apaisement, l'Etat du CAMEROUN étant actionnaire de la SGBC, les parties ont accepté de procéder au règlement amiable de ce litige et d'y mettre un terme définitif

Par lettre n° 1080/CF/MINEFI/SG/DAJ du 16 février 2001,

L'Etat a accepté de lui abandonner les sommes ci-après

a) Provision sur les intérêts à échoir	295 000 000
Montant de l'astreinte au 15 février 2001	160.000.000
9% sur le principal et les intérêts	

Dans sa lettre DG/MS/H/062-01 du 20 février 2001,

b*)* ***La SGBC s'est engagée à payer, outre le principal initial après déduction de la somme de 400 000 000 FCFA, les frais d'huissier*** *selon le barème légal, et à négocier avec l'Etat les honoraires de ses conseils, position confirmée dans ses lettres des 06 et 09 mars 2001*

La SGBC a ainsi, avec l'accord du Ministre des finances, payé à l'Etat à titre principal, pour solde de tout compte, la somme de 3 615 972 800 francs le 02 avril 2001 et 03 avril 2001 par lettre n° 1284/MINEFI/SG/DAJ/CC, le Ministre des finances a donné main levée entière et définitive de la saisie-attribution pratiquée sur les avoirs de la SGBC à la BEAC pour un montant de 5 124 497 461,24 francs CFA.

La SGBC considérant que cette lettre donnant mainlevée la dispensait du paiement des frais accessoires susvisés, sollicita devant la Cour d'appel du Littoral en cours de délibéré, donc en l'absence de l'Etat et de l'ex-ONCPB non appelés, un donner acte à l'égard de toutes les parties de ce qu'elle considérait comme une transaction de nature à mettre définitivement fin aux poursuites

De son côté, l'Etat estime que la SGBC n'a pas payé les frais et que le projet de convention de règlement amiable et définitif établi par la SGBC à l'époque et soumis à la signature des parties n'a pas été signé. Pour cette raison, il a remis en cause les termes de la transaction et repris les poursuites à l'encontre de la Banque en pratiquant le 15 juillet 2004 une nouvelle saisie-attribution sur ses avoirs à la BEAC pour un montant de 2 155 971 808,27 francs

> *« …en l'état du dossier, il convient de relever qu'il n'y a pas de protocole d'accord, homologué par le juge qui pourrait seul modifier l'état des décisions de justice entrées en force exécutoire.*
> *Cette lacune a fondé l'Etat à ressaisir le Juge d'exécution pour se voir payer les accessoires de la dette »*

II - Pour Monsieur MOUGNAL

Chef de la cellule Accords et Conventions

Note n°000228/MINEFI/SG/DAJ/CAC au Ministre du 23 février 2006

> *« …il convient de relever de prime abord que la constance des décisions de justice dans cette affaire qui dure depuis près de 13 ans permet de lever les suspicions qui pèsent sur cette démarche*

En effet, tous les titres sous-tendant la saisie-attribution prétendument irrégulière sont revêtus de la formule exécutoire, conformément à l'article 33 de l'Acte Uniforme de l'OHADA sur les voies d'exécution
La première saisie-attribution pratiquée le 22 août 2000 à l'encontre de la SGBC pour une créance de 5.124.457.461,24 milliards de francs CFA avait donné lieu, après négociations qui n'ont pas débouché sur une transaction au sens que lui donne l'article 2044 du code civil, à un paiement partiel de sa dette par la SGBC, soit 3 615 972 000 milliards.
C'est à bon droit, et après avoir en vain attendu que la SGBC fasse des propositions raisonnables pour le paiement du reliquat, qu'une seconde saisie a été pratiquée sur la base de l'Ordonnance n° 76 du 14 décembre 2004, exécutoire sur minute, après réquisitions du Ministère public qui demandaient au juge de débouter la SGBC de sa demande
…il ne faut pas perdre de vue que le litige dont il est question ici porte sur des sommes appartenant à l'Etat, indument retenues par la SGBC pendant près de 12 ans et ayant généré des intérêts considérables que l'Etat n' a pas récupérés en totalité
…il est à craindre que les instructions de la Haute Hiérarchie qu'inspire SGBC ne découlent d'une désinformation à laquelle il faudrait remédier. En effet, les actions ayant abouti aux décisions de justice susmentionnées ont été engagées par la SGBC et non par l'Etat du CAMEROUN qui, plus tard, a introduit une demande en justice relative au paiement des intérêts estimés à 3 milliards de francs CFA générés par la rétention illicite des deniers publics
Il faudrait également redouter qu'une restitution sans fondement juridique solide de sommes d'argent constituerait un précédent fâcheux pour l'action du

Département dans un contexte national et international où la gestion des finances publiques cristallise l'attention. Bien plus, une telle démarche fragiliserait les institutions de la République dont le crédit découle aussi de leur cohérence.
Aussi suggérons-nous une extrême prudence dans l'application de ces en attirant une fois de plus l'attention de la Présidence de la République sur l'historique et les enjeux de cette affaire, et de ne prendre de décision qu'en ultime recours. »

Cette note parle d'elle-même. Elle a échappé à la vigilance du Ministre de la justice et de ses techniciens, son entourage donc, qui voulait à tout prix asseoir leur démarche dans la constitution d'un crime aussi grave que celui de détournement de deniers publics.

Monsieur MOUGNAL aurait, *à n'en pas douter*, rejoint Monsieur NGWEN Honoré comme autre co-auteur, sinon complice du détournement des deniers publics reproché à M^e YEN EYOUM, étoffant ainsi le dossier. Il l'a échappé belle. On aurait pu en dire autant de Monsieur AKOA Philippe dont le jugement en fin magistrat est vraiment loin du goût du Ministre de la justice Amadou ALI.

Ce n'est pas la preuve des faits qu'il faut, mais la détermination fondée sur l'intime conviction

Il s'agit là d'un droit pénal spécial.

III - Les Observations de **Monsieur AKOA Philippe**
Magistrat
Directeur des affaires administratives et juridiques
du 06 mars 2006

Malgré la modestie de l'homme, ses observations constituent une véritable leçon de civisme

« ...sans toutefois m'opposer aux instructions données, je relève que cette procédure est entièrement judiciaire et qu'il est difficile de comprendre pourquoi il ne reviendrait pas à cette institution de la régler.
La sécurité juridique devrait jouer autant pour les banques que pour l'Etat qui ne devrait pas remettre en cause l'exécution d'une décision rendue par un organe indépendant.
Pour asseoir son autorité, l'Etat a besoin de se plier à sa Constitution. On comprendrait mal comment dans un Etat de droit, une décision de justice n'aurait pas la force que la loi lui donne.
Le MINEFI devrait avant tout paiement rendre compte à la Haute Hiérarchie afin que tous les aspects de cette affaire dans laquelle l'Etat est dans son bon droit ne connaissent le dénouement prescrit ».

Est-il besoin d'ajouter

IV - L'avis de **Monsieur Justin NJOMATCHOUA**
Secrétaire général du Ministère des finances
du 24 février 2006

«...je partage l'avis du Chef de la Division Administrative et Juridique dans cette affaire »

Voilà qui a créé cette situation fort embarrassante pour tout le monde, générant un conflit qui n'aurait pas dû en être un. C'est au vu et en considération de ces divers avis techniques que le Ministre Henri ENGOULOU, après avoir appelé la SGBC à meilleure composition et las d'attendre, a instruit M[e] YEN EYOUM d'engager une deuxième saisie attribution, suite logique en vue d'une exécution complète de la première.

Lettre du Ministre des Finances
N°01614/MINFI/SG/DAJ/CC/CEAT
Du 16 juillet 2003
A **Me Lydienne YEN EYOUM**

> *« Maitre, Comme suite à vos lettres relatives à l'objet en marge dans lesquelles vous m'avez demandé de vous confirmer par écrit le désistement de l'Etat dans la présente cause,*
> *J'ai l'honneur de vous informer qu'aucune convention n'a constaté le règlement amiable intervenu avec le remboursement de la somme de 3 615 972 800 francs par la SGBC.*
> *A cet effet, avant toute action ainsi que rappelé plus haut, je vous invite à préparer un projet d'accord qui intègrera les composantes du différend qui oppose l'Etat du Cameroun à la SGBC »*
> *Les avant-projets suite à ces instructions n'ayant pas abouti à un accord définitif, sachant que l'Avocat a le choix des moyens en défense des intérêts de son client, M[e] YEN a initié la 2ème phase de la saisie attribution à la requête de l'Etat du CAMEROUN sur les comptes de la SGBC à la BEAC, et la SGBC a perdu tous les procès qu'elle avait initiés contre cette saisie attribution jusqu'au jour où l'Autorité administrative au plus haut niveau de l'Etat s'en est mêlée. »*

Lettre du Ministre des finances
N° 0288/MINFIB/SG/DAJ
Du 21 octobre 2004
Au **Directeur général de la SGBC**
Par délégation le Secrétaire général
Henri ENGOULOU

Monsieur l'Administrateur Directeur général

En réponse à votre correspondance,

J'ai l'honneur de vous rappeler que pour la résolution définitive de ce litige, vous avez été convoqué à une réunion présidée par le Secrétaire général du Ministère des finances et du Budget le 29 janvier 2004.

A la suite de cette réunion, et pour justifier votre position, vous avez indiqué dans votre lettre du 05 février 2004 :

- *1/ Qu'un accord transactionnel portant règlement définitif du différend ayant opposé votre Banque à l'Etat avait été signé*

- *2/ qu'en plus du règlement du principal fixé dans le cadre de cette transaction, soit la somme de 3 615 972 800 francs payée par chèque banque n° 028 00 55 du 02 avril 2001 à l'ordre du Trésor public, vous avez réglé les autres frais accessoires. Après vérification, il s'est avéré que votre banque n'a pas couvert l'ensemble de ces frais, une partie de ceux-ci ayant été payé à un Avocat autre que celui régulièrement mandaté dans cette affaire.*

Par ailleurs, et contrairement à vos affirmations, aucun accord exprès n'a matérialisé la transaction sus-évoquée, pour faire échec au caractère exécutoire et définitif des décisions de justice qui avaient fondé la saisie attribution des créances pratiquée le 22 août 2000.

En l'absence de ce protocole il n'est pas acceptable qu'une transaction ait pu être homologuée par la Cour d'appel du Littoral.
Par conséquent, votre banque reste redevable à l'Etat du Cameroun de la somme de 2 155 971 808,27 francs CFA représentant une partie des intérêts légaux qui lui ont été alloués par les juridictions, somme qui a d'ailleurs continué à faire l'objet de poursuites judiciaires à votre encontre.
Nonobstant les contestations judiciaires en cours, je vous invite une fois de plus à examiner de manière consensuelle avec mon Conseil et mes services juridiques le reste des frais et intérêts légaux à couvrir, ainsi que les termes d'un protocole amiable et définitif qui permettrait aux deux parties de clore définitivement ce litige. Faute d'y parvenir, je me trouverai dans l'obligation d'instruire la BEAC de reverser les sommes saisies à l'Etat

Voilà comment Me Lydienne YEN EYOUM en est arrivée à procéder à ce qu'il a été convenu d'appeler la 2ème saisie attribution de créances au préjudice de la SGBC dans ses avoirs à la BEAC.

Sur instruction de son client, M^e^ YEN EYOUM fait pratiquer au préjudice de la SGBC, le 15 juillet 2004, une saie attribution de créances complémentaire de 2 155 971 808,27 francs CFA, montant actualisé de la différence entre le chèque payé et le montant initial dû de F.CFA 5.124.497.461,24 , moins évidemment les sommes colossales acquises à l'Etat mais abandonnées par le Ministre AKAME MFOUMOU

Cette saisie attribution de créances pratiquée, la SGBC ne s'est pas privée d'élever des contestations à son encontre. Malheureusement pour elle, toutes ses contestations ont été jugées injustifiées. Et le Juge de l'exécution a validé la saisie, ordonné, par voie de conséquence, au tiers saisi, la BEAC, le reversement des fonds sur des

Réquisitions conformes du Procureur de la République
du 25 octobre 2004.

Sur la mainlevée de la saisie attribution
« … Attendu que la procédure de saisie attribution pratiquée le 15 juillet 2004, régulière en la forme, porte sur la somme de 2.155.971. 808,27 francs CFA est justifiée
Qu'il échet de rejeter les prétentions de la demanderesse

Par ces motifs

« Requiert qu'il plaise à Monsieur le Président
« Débouter la SGBC de son action »

Par ordonnance n° 76 du 14 décembre 2004, le Juge du Contentieux de l'exécution du Tribunal de Première Instance de DOUALA-BONANJO constate que la saisie attribution pratiquée le 15 juillet 2004 était bonne et valable, et ordonne à la BEAC le reversement de la somme de 2.155.971.808 francs au profit de l'Etat, représenté par le MINEFI.

Sur la base de cette ORDONNANCE exécutoire sur minute, nonobstant toutes voies de recours, un commandement fut servi à la BEAC qui exécuta la décision conformément à la loi.

Au lieu de s'exécuter de bonne foi, la SGBC prend plutôt le chemin de la résistance en sollicitant l'intervention du sommet de l'Etat, la Présidence de la République, invitant celle-ci à faire anéantir les décisions de justice rendues contre elle.

Pour la SGBC cette saisie-attribution est abusive, un Accord étant intervenu entre les parties (SGBC-Etat du Cameroun), il était mis fin au litige..

La SGBC saisit le Ministre de la Justice, Monsieur Amadou ALI, qu'elle convainc à sa cause, et crie au scandale.

A la place de faire respecter les décisions de justice comme l'y invite sa charge, encourager l'exercice des voies de recours, le Ministre de la Justice prend fait et cause pour la SGBC contre les intérêts de l'Etat du Cameroun, alerte la Présidence de la République, ouvre une enquête via le SED qu'il a longtemps dirigé, pensant sans doute que, de ce fait, sa seule requête adressée à cette Administration lui vaudra des conclusions favorables ; malheureusement pour lui ,le SED conclut à l'absence de toutes malversations de la part de M^e^ YEN Lydienne EYOUM dans l'accomplissement de son mandat.

Mais le vice-Premier Ministre, Ministre de la Justice, ne désarme toujours pas. Il crée un pont entre le Secrétaire général de la Présidence de la République et le Secrétaire général des Services du Premier Ministre pour faire passer dans les esprits l'idée initiée par la SGBC d'une saisie attribution abusive. Ce qui lui permettra, avec le concours du Parquet de la Cour d'appel du Littoral, sur la base du sacrosaint principe, *« parquet = hiérarchie et subordination »*, d'instruire une sommation de Magistrat à l'Avocat dont les termes témoignent, dans l'organisation judiciaire, du mépris des décisions de justice et des règles de procédure par leur remise en cause par ces hautes autorités.

Lettre du Procureur de la République
2007-1704/048/CF
du 8 février 2008
A M^e^ YEN EYOUM

« En votre qualité d'Avocat, Conseil de l'Etat dans l'affaire opposant la SGBC à l'Etat du Cameroun, le Directeur de l'Agence BEAC de Douala avait ordonné

le paiement au profit de la liquidation ex-ONCPB de la somme de 2.155.971808 francs

Or depuis lors, vous avez retenu indument la somme de 1.070.000.000 francs.

En conséquence, je vous somme de restituer le reliquat de la saisie du 13 juillet 2004, sous peine de poursuite judiciaire du chef de l'abus de confiance aggravé. »

Je crois rêver. Dans quel pays ?

Un Procureur qui se transforme en tribunal et prend position au mépris de la chose jugée. Où en est-on donc de la sécurité judiciaire ?

La SGBC ne s'en tient pas là. Elle se rapproche de **Monsieur BELLO BOUBA MAÏGARI**, Ministre d'Etat Chargé du Développement Industriel et Commercial, pour solliciter son appui, ce haut dignitaire de l'Etat la rassure.

Monsieur le Directeur général de la SGBC

« …En ma qualité de Ministre d'Etat du gouvernement de la République…, je me permets de vous assurer que je m'engage personnellement à accomplir toute diligence utile auprès des instances les plus élevées de l'Etat afin que le droit soit entendu et que toute illégalité au préjudice de la SGBC soit mise à néant… »

Et **Monsieur Ephraïm INONI**
Secrétaire général de la Présidence de la République,
Approché, de son côté, sauve l'honneur de la République en disant :

Monsieur le Directeur général,

« En accusant réception de votre correspondance de référence par laquelle vous sollicitez mon intervention dans l'affaire portée en marge,

J'ai l'honneur de vous faire connaitre qu'en raison du principe de la séparation des pouvoirs, la Présidence de la République ne saurait intervenir dans le règlement d'une affaire dont la justice est saisie…»

Mais la SGBC, une fois encore, ne désarme pas.

« La Banque fera feu de tout bois pour se faire rembourser son dû »

Ces propos, pleins d'assurance, contenus dans sa déclaration à la Police judiciaire du 16 septembre 2009, sont de Monsieur Mathurin DOUMBE, alors Secrétaire général de la SGBC.

Et profitant de l'arrivée à la tête du Secrétariat général de la Présidence de la République de Monsieur ATANGANA MEBARA, Universitaire de talent, mais en quête d'adoubement politique, plus réceptif donc, la SGBC prend langue avec lui.
Elle obtient gain de cause, et le Secrétaire général de la Présidence de la République, Monsieur ATANGANA MEBARA, fera adresser, via le Secrétaire général des Services du Premier Ministre, une correspondance au Ministre ABAH-ABAH, en charge des finances de l'Etat, avec copie à la SGBC, lui enjoignant de restituer cette somme à la Banque. »

Personnellement, j'ajouterais :
Au mépris des décisions de justice intervenues et passées à la force de chose jugée.

Ainsi, sous la pression, et sans se soucier qu'en raison *« du principe de la séparation des pouvoirs »*, comme l'avait indiqué son prédécesseur, *« la Présidence de la République n'a pas à intervenir dans le règlement des affaires dont la Justice est saisie »*,

Monsieur ATANGANA MEBARA instruit Monsieur ABAH- ABAH, Ministre des finances, de rétablir la SGBC dans ses droits par une correspondance dont il est loyal de citer les termes exacts, évitant ainsi de trahir sa pensée.

Lettre du 20 janvier 2010 portant n° B441/SG/PR
Je cite :

Le Ministre d'Etat
Secrétaire général de la Présidence de la République

A Monsieur le Secrétaire général
Des Services du Premier Ministre

A la place du Premier Ministre, pourtant présent et sur place à Yaoundé.

Allez savoir pourquoi.

> *J'ai l'honneur de vous faire connaitre que le Chef de l'Etat a marqué son accord en vue du rétablissement de la SGBC dans ses droits, la saisie attribution pratiquée contre elle ayant été abusive.*
> *Il vous prescrit par conséquent d'instruire le MINEFI aux fins d'arrêter toute action engagée ou envisagée, dans le cadre de la procédure portée en objet, de rembourser les sommes indument saisies, sans préjudice le cas échéant des poursuites à l'encontre des auxiliaires de justice (Avocat et Huissier de justice), auteurs des malversations dans cette affaire».*

Monsieur ABAH-ABAH est de la même école que Monsieur INONI, respectueux de l'Autorité de l'Etat et du bon fonctionnement des institutions dans l'intérêt de la bonne gouvernance;

Il n'obtempère pas, malgré l'agitation par ailleurs des services du Premier Ministre et du Vice-Premier Ministre, Ministre de la Justice, Garde des sceaux, Monsieur Amadou ALI.

Cette position d'homme d'Etat responsable lui vaut aujourd'hui d'être mis sous main de justice, et d'être placé sous mandat de dépôt depuis plus de 4 ans pour coaction ou complicité de détournement de deniers publics, sans autre forme de procès.
Son refus d'obéissance à un ordre qui lui parait illégitime est interprété par l'accusation comme un acte de collusion dans la réalisation du prétendu crime de détournement de deniers publics, au contraire du refus de Monsieur AKAME M'FOUMOU auquel le Secrétaire général de la Présidence de la République prescrivait de lever partiellement l'avis à Tiers détenteur du trésor à la SGBC sur un compte liquidation ONCPB, lequel, sûr de lui-même et en toute impunité, avait répondu à cette Haute Hiérarchie :

> *« …Compte tenu de la gravité des actes ainsi posés, l'intervention du Ministère de l'Economie et des finances devait être comprise comme le seul moyen à pareil cas de sauvegarder la fortune publique et les intérêts de l'Etat…*
> *« Dans ces conditions, il ne m'est pas possible de donner suite à vos prescriptions… »*

Son attitude ne lui vaudra pas le traitement infligé à Monsieur ABAH-ABAH, lui qui, à la limite, aurait dû être poursuivi pour concussion pour avoir privé l'Etat des droits et intérêts qui lui avaient été alloués par des décisions de justice passées en force de la chose jugée. Et pour cause :

Monsieur AKAME M'FOUMOU est le jeune frère de Monsieur FOUMANE AKAME, Conseiller juridique du Président de la République, celui-là même qui conseille le

Chef de l'Etat de mettre ou non en mouvement l'action publique.

Qui oserait aller à l'encontre de ces deux poids, deux mesures ?

Monsieur AKAME M'FOUMOU qui se trouve à l'origine de ce contentieux qui nous vaut ce procès et qui par ailleurs s'autorise à donner des leçons, emboitant le pas à Monsieur Mathurin DOUMBE, en affirmant solennellement que les honoraires de l'Avocat ne lui sont payés que par le client qui l'a constitué et non par la partie adverse, ce qui du reste est vrai, n'est autre que le jeune frère du Conseiller juridique pour l'éternité du Président de la République, celui-là même qui domine la Justice du pays depuis des décennies, fait ordonner de mettre l'action publique en mouvement ou non, d'arrêter telle ou telle procédure, au gré de ses humeurs.
Mais Monsieur AKAME M'FOUMOU qui, du haut de son assurance, donne des leçons à l'Avocat, affirmant avec raison que« les honoraires de l'Avocat ne lui sont payés que par le client qui l'a constitué » semble oublier, pour ne citer que mon cas personnel, que dans une affaire qui opposait le même Etat du CAMEROUN (MINEFI) dont il était le Ministre, la même SGBC, qui avait pour Avocat le même M^e^ JOB, à la société ELF OIL, dont j'étais le Conseil, à l'occasion d'un contentieux sur la TVA, son Avocat, le sempiternel Me MBIAM Emmanuel , avait été payé de ses honoraires par mon client pour la modique somme de 350 millions de francs CFA, que l'Avocat de la SGBC, la même SGBC, avait aussi été payé de ses honoraires par la société ELF OIL qui n'était pas son client, et tout cela à la stupéfaction des agents de la société ELF OIL qui ne comprenaient pas que moi, l'Avocat de leur société, je n'ai perçu dans la cause que la modique somme de 700.000 francs.
A chacun sa chance.

Ce rappel, tout simplement pour dire que tout est question de contexte, de conscience et de convention entre les protagonistes.

Sur ce terrain, Monsieur AKAME M'FOUMOU, comme la SGBC, ne saurait donner de leçons à personne.

La ROCHEFOUCAULD disait :

« Appuyez-vous sur des principes,
ils finiront un jour par céder »

Encore que dans le cas qui nous concerne, il est reproché à tort, « je dis bien à tort » à Me YEN EYOUM d'avoir exigé des honoraires de la SGBC.
Ce que Me YEN EYOUM a exigé de la SGBC, ce sont des droits qui lui ont été alloués par le Juge en exécution de décisions de justice passées en force de la chose jugée,

DES DEPENS DISTRAITS AU PROFIT DE Me YEN EYOUM

A savoir :

- Les dépens proprement dits des Avocats qui avaient été déclarés par le juge
- Le droit de recette de l'huissier
- La TVA sur le droit de recette
- Le coût du commandement du 4 mai 2000
- Le coût de la signification de l'ordonnance de rejet
- Les frais de procédure
- Le coût de l'exploit

Tels que ces droits ressortent des divers procès-verbaux de saisie attribution, sachant qu'aux termes de l'article 157 de l'Acte Uniforme de l'OHADA, le commandement aux fins

de saisie attribution de créances doit contenir, sous peine de nullité, le décompte des sommes réclamées en principal, frais et intérêts échus, majorés d'une provision pour les intérêts à échoir.
Ces diverses sommes ne revenant pas à l'Etat, le Ministre AKAME M'FOUMOU, en B, A- BA du droit élémentaire, n'avait ni qualité ni pouvoir pour conclure à leur sujet une transaction avec la SGBC, une transaction qui, de toute évidence, n'est opposable ni à l'Avocat ni à l'huissier.

Les dépens avaient en effet été distraits au profit de M^{e} YEN EYOUM, c'est-à-dire mis à part et réservés à l'Avocat

EN DROIT,

La distraction a pour effet de constituer l'Avocat qui l'a obtenue *créancier direct de la partie qui succombe* (la partie perdante), celle-ci ne pouvant se libérer qu'en versant le montant des dépens entre les mains de cet Avocat.

Civ.9 novembre 1910-D.P 1912.I. 360

Le fait au surplus que ces dépens ont été contestés par la SGBC, fait de la décision qui s'en est suivie un titre exécutoire régulier en vertu duquel l'Avocat distractionnaire peut valablement engager contre la partie perdante une procédure de recouvrement de ses frais et émoluments.
Mieux,

L'Avocat auquel un droit propre et direct est conféré par la distraction des dépens ne peut se voir opposer, dès lors qu'il y est demeuré étranger, les conventions dont ces dépens auraient ultérieurement fait l'objet entre son client et la partie condamnée à leur paiement en vertu de l'effet relatif des contrats.

> *Encourt donc la cassation, le jugement qui, pour annuler le commandement signifié à la requête de l'Avocat distractionnaire pour avoir payement des dépens auxquels*

avait été condamnée la partie adverse, s'est fondé sur le reçu pour solde de tous comptes délivré à celle-ci par le client de l'Avocat.

Civ. 2 juill. 1916, D.1916.372

La jurisprudence va même plus loin en jugeant que *l'opposition formée contre l'Avocat* distractionnaire *seul doit être déclarée irrecevable.*

Montpellier. 17 octobre 1945, Gaz.Pal.1945. II.197

C'est dire combien M[e] YEN EYOUM est bien fondée à conserver les fonds qu'elle détenait comme constitués des émoluments, frais et dépens qui lui ont été alloués par des décisions de justice devenues définitives et passées en force de la chose jugée.

*

* *

DE LA DEONTOLOGIE DE LA PROFESSION D'AVOCAT EN COURS DE PROCES ET DU COMPORTEMENT FRAUDULEUX

La SGBC, son Avocat Me MBIAM Emmanuel et le Ministre AKAME MFOUMOU se sont prêtés à une escroquerie judiciaire en faisant rendre par la Cour d'appel du Littoral un arrêt dit contradictoire le 08 mai 2001 prétendant homologuer une transaction qui serait intervenue entre les parties faisant ainsi semblant s'ignorer qu'en cours du délibéré est intervenu un fait nouveau , l'intrusion dans le dossier de Me Emmanuel MBIAM qui, se présentant comme le nouveau conseil de la SGBC, a versé deux pièces aux débats sans en tenir communication aux Avocats constitués avant lui dans la cause

- la photocopie du chèque valant quittance du règlement pour solde de tous comptes des causes de la saisie attribution,

- la copie de la lettre de mainlevée de la saisie arrêt.

Ces documents n'auraient pas dû être pris en compte par le Juge pour défaut de leur communication aux Avocats constitués dans la cause et le juge d'appel se devait, soit de les rejeter pour ce défaut de communication, soit de rabattre son délibéré afin de permettre aux avocats constitués d'en prendre connaissance et de faire valoir, le cas échéant, leurs observations.

Faute de l'avoir fait, cet arrêt de donner acte, homologuant la prétendue transaction alléguée, ne saurait avoir le caractère d'un arrêt contradictoire qui met fin au litige entre les parties et aurait, en raison de son caractère contradictoire, autorité de chose jugée.

Il ne serait pas superflu de rappeler que les Avocats sont groupés en une organisation professionnelle appelée Ordre des Avocats dont l'organisation et le fonctionnement sont définis par la loi et le règlement intérieur, un règlement intérieur homologué et publié par arrêté du Ministre de la Justice pour le rendre opposable à tous.

De ce règlement intérieur que le juge, comme les organes de direction de l'Ordre ont la charge de faire respecter, il ressort entre autres obligations que :

- Tout avocat qui reçoit l'offre d'une clientèle ou d'un dossier doit s'assurer, avant d'accepter cette offre, qu'aucun confrère n'a été préalablement chargé des intérêts du client dont la défense lui est proposée. (Article 51 du règlement intérieur).

- Il ne doit pas profiter de l'absence occasionnelle d'un confrère qu'il sait constitué pour la partie adverse pour en tirer avantage, en dépit des pressions éventuelles de son client. (Article 48 in fine)

- Il doit communiquer à son confrère, Avocat de la partie adverse, toutes les pièces versées aux débats, tant par lui-même que par ses clients. Cette communication doit être complète, préalable et spontanée. (Article 49 du même règlement intérieur)

Ces dispositions du règlement intérieur n'ont pas été respectées, ni par Me MBIAM, Avocat de la SGBC, ni par le juge qui doit savoir qu'au Civil le débat judiciaire est fondamentalement contradictoire et *je me refuse de penser que ce principe ait pu échapper au Magistrat de ce rang.*

Et ce sont ces omissions voulues qui constituent des éléments sur lesquels repose l'escroquerie judiciaire.
Pour peu que l'épervier ne soit pas à dessein aveugle, en ouvrant les yeux et en scrutant la conscience des protagonistes, des points d'interrogation ne peuvent que vous interpeller.

Pourquoi le Ministre AKAME M'FOUMOU, qui a déclaré dans sa déposition du 13 mai 2008 à la Police Judiciaire,

Je cite :

> *« ...le MINEFI était une mégastructure qu'on ne pouvait absolument pas gérer en centralisant tout à son niveau. C'est pour cette raison que j'ai accordé les délégations les plus larges possibles à mes collaborateurs... Dans cette perspective et pour ce qui concerne plus spécialement le contentieux, mes collaborateurs techniques (Directeur et Secrétaire Général) avaient toute latitude pour traiter à leur niveau les problèmes techniques comme celui-là »*

Fin de citation

Est-il arrivé à transiger avec la SGBC sur le dos de son Avocat, sans même tenir celui-ci informé de l'issue de cette transaction, et sans l'instruire d'arrêter la procédure, enfin sans tenir informés ses services techniques qui, dans l'ignorance de la transaction, avaient toujours le dossier en circulation ?

Pourquoi soutient-il que :

> *« ... les honoraires étaient bel et bien pris en compte dans le montant que la SGBC a versé au Trésor... »*
> Fin de citation.

Cela signifie que c'est la SGBC qui a payé les honoraires de M^e^ YEN EYOUM, le contraire donc de ses affirmations selon lesquelles les honoraires de l'Avocat ne sont payés que par la partie qui l'a constitué, donc son client.

Il n'est pas à une contradiction près.

Comment comprendre que Monsieur AKAME M'FOUMOU qui a refusé la levée partielle de l'Avis à Tiers Détenteur à la SGBC sur le compte-liquidation ONCPB, comme le lui prescrivait le Secrétaire Général de la Présidence de la République, sous le prétexte que c'est le seul moyen en pareil cas de sauvegarder la fortune publique et les intérêts de l'Etat, revienne sur cette rigueur sous prétexte qu'il fallait :

- *Sauvegarder le partenariat car l'Etat est actionnaire à la SGBC*

- *Récompenser la SGBC qui avait résisté à beaucoup de pressions en refusant de se libérer de la somme due en d'autres mains que le Trésor*

- *Tenir compte du contexte d'ajustement structurel*

➢ *Eviter de donner raison à ceux des investisseurs qui refusent de venir s'installer au Cameroun, sous prétexte qu'il y règne une insécurité juridique rampante et j'en passe... ?*

Il s'agit là de propos qu'il a tenus dans sa déposition à la Police Judiciaire le 13 mai 2008 et qui relatent des faits qui ont toujours existé, qu'il n'est pas sans ignorer, qu'il ne vient donc pas subitement de découvrir.

C'est un argumentaire fallacieux, à la limite de la démagogie, pour sauver désespérément les meubles, en noyant ceux qu'il peut noyer, si cela lui permet de se justifier.
Un manque de sens des responsabilités qui caractérise l'homme et qui est bien loin de l'honorer.

Et comment ne serait-il pas perçu ainsi quand le 25 février 2011, il répond au juge d'instruction :

> *« ...je n'ai pas informé officiellement Me YEN EYOUM de la Mainlevée qui avait été donnée... Je n'avais pas non plus demandé qu'on ne la tienne pas informée.*
> *Je dois souligner que compte tenu de la vivacité et de la sagacité de Me YEN EYOUM, il est difficile de concevoir qu'elle n'ait pas pu savoir ce qui se passait. »*

P.V. DE CONFRONTATION DEVANT LE JUGE D'INSTRUCTION DU 25 FEVRIER 2011

De la part d'un Ministre d'Etat !... Incroyable, vraiment incroyable.

Du surréalisme.
Une déception du siècle !
Et à la Police judiciaire

le même Ministre, Monsieur AKAME M'FOUMOU dira suivant le P.V. d'AUDITION du 13 mai 2008

> *«...Je m'étais laissé dire que la SGBC avait déjà mis de côté la part de dividendes dus à l'Etat pour les bloquer de manière à pouvoir déclencher une négociation... » Ainsi, laisser la SGBC' imposer sa volonté à l'Etat, un Etat dont elle jouit sans contrepartie des fonds depuis plus d'une décennie ! »*

Incompétence ou faiblesse d'esprit ?

Que faut-il en penser ?

La vérité est que la SGBC avait confisqué dans ses livres les dividendes qui revenaient à l'Etat, usant ainsi d'un chantage qui humilie le pays dont la situation financière laissait à désirer.
N'ayant pas les moyens de sa politique, Monsieur AKAME M'FOUMOU a dû céder au CHANTAGE.

Et toute honte bue, il pouvait difficilement en parler, tant à son Avocat qu'à ses collaborateurs des services techniques du Ministère, surtout qu'il avait bonne souvenance de ce qu'il avait déclaré avec emphase à la Police judiciaire le 13 mai 2008 :

Je cite :

> *« Mes collaborateurs techniques (Directeur et Secrétaire Général) avaient toute latitude pour traiter à leur niveau les problèmes techniques comme celui-là »*

Raison de plus pour les tenir informés.

Si le Ministre AKAME M'FOUMOU s'était donné la peine de tenir informés ses collaborateurs techniques de la transaction négociée, nous n'aurions pas connu cette situation. Au niveau des services techniques du Ministère, le sort de ce dossier aurait connu une autre fin

Malheureusement, lui qui connaissait bien le degré de technicité rompue de ses collaborateurs, la position des uns et des autres dans ce dossier, mu par d'autres préoccupations qu'il restait seul à connaitre, il a sciemment choisi de les ignorer, de tout faire lâchement sur leur dos, sans même se donner la peine de les tenir informés de la décision qu'il avait prise.

Dans ce dysfonctionnement, comment y voir une volonté délibérée de commettre une infraction par détournement des deniers publics de la part des uns ou des autres, là où on est en plein dans l'exécution en toute bonne foi des décisions de justice rendues par des juridictions régulièrement constituées.

Si ces décisions sont rendues sciemment en fraude de la loi, de deux choses l'une

- Ou les juges qui les ont rendues sont complices et ils doivent eux aussi être mis sous-main de justice, subissant le même sort que Me Lydienne YEN EYOUM,

- Ou elles sont régulièrement rendues, alors la SGBC qui en est la victime, s'exécute, à défaut, elle exerce les voies de recours prévues par la loi

➢ *Appel dans le cas de nécessité d'un second degré de juridiction,*

➢ *Pourvoi en cassation, s'il s'agit d'arrêt de Cour d'Appel,*

➢ *Une action récursoire en répétition de l'indu pour le cas où, estimant avoir payé à tort, les décisions étant par ailleurs déjà exécutées, il n'est plus possible d'exercer de voies de recours.*

La SGBC n'est pas un justiciable au-dessus de la loi, bénéficiant d'un traitement de faveur.

Elle connait le point faible de son dossier. Elle a, en effet, conscience de ce que, se fondant sur la prétendue transaction faite en fraude des règles de la procédure civile, elle s'est désistée de son appel contre la décision qui la condamnait à payer les sommes que Me Lydienne YEN EYOUM lui réclame, que suite à ce désistement d'appel, ces sommes définitivement dues et qu'il lui sera fatalement opposé le principe de l'autorité de la chose jugée.
C'est pourquoi, elle a délibérément choisi d'en appeler à des autorités extra judiciaires. Ce faisant, elle se fourvoie, car dans l'Etat de droit où nous sommes, la remise en cause de la chose jugée ne saurait se faire par la voie administrative.

Un ordre donné par une Autorité administrative, fût-elle au plus haut niveau de l'Etat, qui, jugeant frauduleuse une décision de justice, en ordonne l'annulation.

Rien de tel n'est possible dans un Etat de droit.

Dans l'organisation de nos institutions, l'Exécutif n'est pas au-dessus des tribunaux qui, seuls, ont pouvoir de juger.
Et l'article 37 alinéa 2 de la Constitution, notre loi fondamentale le précise :

> ***« Le pouvoir judiciaire est exercé par la Cour suprême, les Cours et Tribunaux. Il est indépendant du pouvoir exécutif et du pouvoir législatif. »***

Voilà qui est clair et ne saurait souffrir de commentaires.
Il ne serait cependant pas interdit à l'Etat de revenir en accord avec la partie adverse sur ce qui a fait l'objet d'une décision de justice devenue définitive entre les parties, pour créer, de convention expresse, une nouvelle situation

juridique qui régit leurs rapports, on parle dans ce cas de novation, un autre concept juridique , qui permet d'éviter la violation flagrante de l'organisation judiciaire que nous décrions.

Peut-on encore parler d'Etat, quand dans un Etat, un Ministre, qui plus est, un Ministre d'Etat, arrive à se plier au chantage d'un particulier, fût-il une grande personne morale de droit privé du monde de la « haute finance », la SGBC ?

La SGBC a commencé d'abord par mettre la main sur des fonds qui revenaient à l'ex-ONCPB, donc à l'Etat du CAMEROUN en les virant irrégulièrement, dans ses livres, dans le compte ouvert au nom des Ets GORTZOUNIAN.

UN CALCUL D'AVENTURIER :

L'idée était que les Ets GORTZOUNIAN, restant lui devoir d'importantes sommes d'argent, l'occasion était bonne pour elle, de se faire payer.

Ses espérances vont être déçues parce que l'opération va échouer sur l'intervention du Premier Ministre ACHIDI ACHU.

Une saisie-arrêt et une injonction de payer sont faites à l'encontre des Ets GORTZOUNIAN afin de récupérer les fonds pour le compte de l'ex-ONCPB, mais alors qu'elle n'était qu'un tiers-détenteur, la SGBC fait opposition et à la fois forme contredit.

Devant les Cours et Tribunaux, elle perd tous ses procès.

Mais curieusement, malgré sa résistance, toute de mauvaise foi, c'est-à-dire une résistance abusive, ne reposant sur aucun fondement juridique, c'est cette SGBC-là qui va avoir les faveurs d'un Ministre d'Etat en charge de nos finances, puis de la Présidence de la République, de la République de nos aïeux !

Quelle humiliation pour le pays !

Y a-t-il encore un pilote dans l'avion, serait-on tenté de dire !

Quand, sur une demande insistante du vice-Premier Ministre, en charge de la Justice, Monsieur Amadou ALI, sous la plume du Secrétaire général de la Présidence de la République, l'actuel Garde des sceaux, Ministre d'Etat en charge de la Justice, le Président de la République instruit :

Lettre n° 156/c6/SG/PR
du 29 décembre 2009

> *« Faisant suite à votre correspondance de référence,*
> *« J'ai l'honneur de vous notifier l'accord du Chef de l'Etat à vos propositions tendant à faire déférer Mes YEN EYOUM Lydienne, BALENG MAAH, Polycarpe ABAH-ABAH, Henri ENGOULOU et NGWEM au Parquet du Tribunal de Grande Instance du MFOUNDI en vue de l'ouverture d'une information judiciaire contre eux avec mandat de détention provisoire, du chef de détournement de deniers publics et complicité »*

Et sur la plainte de la SGBC, un simple sujet de droit qui, de bout en bout a piétiné nos institutions, humilié nos Autorités, on jette en prison, 5 des plus beaux fleurons de la République, à savoir :
2 Ministres de qualité dont :

- L'un est Inspecteur principal des impôts
- L'autre Inspecteur principal de Trésor

- Un Administrateur civil principal, mis en accusation et se trouve en état d'évasion
- 1 Avocat de plus de 27 ans de vie au service de la Justice
- 1 Huissier de justice rompu dans son art

On est vraiment en droit de se demander dans quel pays nous sommes, un pays où, pour des intérêts privés, l'on sacrifie ses cadres avec zèle et désinvolture.

Comment le Cameroun en est-il arrivé là ?

> *« Si le Juge ne protège pas les libertés et les droits fondamentaux,*
> *Qui d'autre le ferait dans une société civilisée ? »*

Ce cri d'alarme est du Premier Président de la Cour Suprême, Monsieur DIPANDA MOUELLE, à l'occasion de la rentrée solennelle de cette Haute Juridiction de l'année 2010.

> *« Le magistrat doit en toute circonstance rester indépendant.*
> *L'indépendance du Magistrat s'entend comme le refus de toute soumission à l'égard du politique, de groupes de pression divers. Elle se traduit par la complète liberté du Juge d'instruire et de juger les affaires qui lui sont soumises et sous-tend une obligation de vigilance et de lucidité à tout instant et à tous les instants.*
> *Le Magistrat ne doit pas se laisser envahir par toutes sortes de pressions extérieures, que ce soient celles des médias, de l'opinion publique, des autorités politiques, voire paradoxalement de ses supérieurs hiérarchiques. »*

Pouvons-nous décemment soutenir qu'en procédant à la condamnation de Me Lydienne YEN EYOUM dans des conditions ainsi décrites, le Juge a fait honneur aux engagements qu'il a pris lors de sa prestation de serment avant d'être envoyé dans l'exercice de son noble métier. ?

Confiée en de telles mains, la protection de nos droits et libertés est-elle assurée comme on peut l'espérer dans un Etat de droit ?

A chacun selon sa conscience mais un citoyen auquel, n'ont pas été remis des éléments lui permettant de se faire en conscience son opinion n'est que comme cet aveugle que l'on jette dans l'arène et auquel on demande de se frayer un chemin pour sortir indemne de la gueule des loups

*

* *

Voilà qui nous amène à parler de l'annulation de la saisie-attribution 4 ans après son exécution

La liquidation ONCPB fait signifier le 13 juin 1994 à la SGBC l'ordonnance n° 307/93-94 du 10 juin 1994 portant injonction de lui payer la somme virée à son profit en principal et intérêts, chiffrée à 3.987.972.800 Francs CFA.

En réaction, la SGBC s'oppose par un Contredit, procédure à laquelle interviennent volontairement les Etablissements GORTZOUNIAN et le Groupement des Exportateurs (le GEX) et qui aboutit au jugement n° 56 du 21 octobre 1994 ordonnant l'apposition de la formule exécutoire sur l'ordonnance d'injonction de payer querellée.

Non satisfaite de cette décision, la SGBC interjette appel et par conclusions prises au cours de cette instance, offre d'exécuter spontanément toute décision de fond définitive qui aurait statué sur l'attribution de la propriété des fonds litigieux.

Le 10 mars 1999, la Cour d'Appel du Littoral à Douala, siégeant en collégialité et statuant en matière civile et commerciale, rend un arrêt de confirmation, ordonnant l'apposition de la formule exécutoire sur l'ordonnance d'injonction de payer n° 307/93-94 du 10 juin 1994 du Président du Tribunal de Grande Instance du Wouri portant sur la somme de FCFA 3.987.972.800.

Cet arrêt fut signifié à la SGBC par exploit du ministère de Me BALENG MAAH Célestin, huissier de justice à Douala, commis par M^e^ YEN EYOUM, avec commandement de payer la somme de 4.228.311.462 FCFA à l'Etat du Cameroun représenté par le Ministère de l'Economie et des Finances, somme à virer au compte de réserves de l'ex-ONCPB.

Malgré le dispositif univoque de l'arrêt donnant acte à la SGBC de ce qu'elle offrait d'exécuter spontanément cette décision, la SGBC et les Ets GORTZOUNIAN sollicitent le sursis à exécution de la décision par requêtes respectives des 09 et 10 mai 2000.

Par ordonnance n° 563 du 20 juillet 2000, le Premier Président de la Cour Suprême du Cameroun rejette leurs recours du sursis à l'exécution conformément à l'article 5 de la loi n° 92/008 du 14 août 1992 modifiée par celle n° 97/018 du 07 août 1997 fixant certaines dispositions relatives à l'exécution des décisions de justice.

Le 21 juillet 2000, et suite à ce rejet, itératif commandement est servi à la SGBC à la requête de l'Etat du Cameroun représenté par le Ministère de l'Economie et des Finances et de l'ex-ONCPB ayant toujours pour conseil M^e^ YEN

EYOUM, d'avoir à payer la somme de FCFA 4.228.323.162 ;

La SGBC ne s'exécute toujours pas, s'abritant derrière des motifs fallacieux pourtant rejetés par la Cour d'Appel et le Premier Président de la Cour Suprême.

Le 22 août 2000, Me Lydienne YEN EYOUM, suivant procès-verbal de Me BALENG MAAH Célestin, huissier de justice à Douala, agissant à la requête de l'Etat du Cameroun et de l'ex-ONCPB, fait pratiquer une saisie-attribution des créances au préjudice de la SGBC sur ses avoirs à la Banque des Etats de l'Afrique centrale (la BEAC), pour sureté et avoir paiement de la somme de 5.124.497.461, 24 francs CFA, ventilée ainsi qu'il suit :

Principal, intérêts et frais	3.987.972.800
Dépens en faveur de Me YEN EYOUM	47.461.872
Dépens en faveur de Me NININE	47.461.872
Droit de recette de l'Huissier	122.493.397
TVA/DR	22.906.266
Coût du commandement du 4 mai 2000	15.225
Coût signification ordonnance de rejet	11.700
Provision sur les intérêts à échoir	295.982.619
Frais de procédure	600.000.000
Coût de l'exploit du 22 août 2000	191.710

Toutes ces sommes ont été allouées par le Juge et sont mentionnées dans le procès-verbal de saisie-attribution par respect des prescriptions de l'Acte Uniforme OHADA portant sur le recouvrement simplifié de créances, notamment de l'article 157, aux termes desquelles l'acte de saisie doit contenir sous peine de nullité

1°/ l'indication des noms, prénoms et domicile des débiteur et créancier ou, s'il s'agit des personnes morales de leur forme, dénomination et siège social

2°/ l'énonciation du titre exécutoire en vertu duquel la saisie est pratiquée

3°/ Le décompte distinct des sommes réclamées en principal, frais et intérêts échus, majorés d'une provision pour les intérêts à échoir dans un délai d'un mois prévu pour élever des contestations

4°/ l'indication que le tiers-saisi est personnellement tenu envers le créancier saisissant et qu'il lui est fait défense de disposer des sommes saisies dans la limite de ce qu'il doit au débiteur

La SGBC saisit le Juge du Contentieux de l'Exécution en contestation de cette saisie-attribution de créances et elle est déboutée de son action.

Sur des réquisitions conformes du Procureur de la République, ***« la saisie pratiquée est déclarée bonne et valable, et le paiement des causes de la saisie est ordonné ».***

Ces causes de la saisie-attribution sont consacrées par deux décisions de justice qui portent ainsi, avec de nouveaux intérêts échus, la créance à la somme de F.CFA 5.124.497.461,24à laquelle s'ajoute une astreinte de 10 CFA millions de francs par jour de retard :

1. l'Ordonnance n° 1135 rendue par le Président du Tribunal de Première Instance de DOUALA le 21 septembre 2000

2. l'Ordonnance n° n°299 rendue par le Juge de l'exécution le 31 janvier 2001

Ainsi, au jour où le Ministre AKAME M'FOUMOU fait la prétendue transaction avec la SGBC, cette banque restait devoir à l'Etat du Cameroun, toutes causes confondues, une somme de plus de 14 milliards de francs.

Cette saisie-attribution n'a donc rien d'abusif

Et le Procureur de la République près le Tribunal de Première Instance de Douala-BONANJO est le mieux placé pour en apporter témoignage

Les réquisitions du Procureur de la République
25 octobre 2004

Sur la mainlevée de la saisie attribution :

> … *Attendu que la procédure de saisie-attribution pratiquée le 15 juillet 2004, régulière en la forme, porte sur la somme de F.CFA 2.155.971.808,27 est justifiée*
> *Qu'il échet de rejeter les prétentions de la demanderesse*
> *Par ces motifs*
> *Qu'il plaise à Monsieur le Président*
> *De débouter la SGBC de son action*

S'agissant d'une saisie-attribution contre laquelle la SGBC a exercé toutes les voies de recours qui lui étaient ouvertes par la loi et n'a malheureusement pu prospérer dans aucune, aussi bien devant le juge d'instance que devant le juge d'appel en passant par la Cour Suprême, celle-ci n'a donc absolument rien d'abusif, au contraire de ce que la SGBC a fait dire aux hautes personnalités de la Présidence de la République qu'elle a sensibilisées à sa cause, appuyée dans sa démarche par d'éminents membres du gouvernement, à savoir le vice-Premier Ministre, Ministre de la justice, Garde des Sceaux, Monsieur Amadou ALI, et le Ministre d'Etat, chargé du Développement Industriel et Commercial, Monsieur BELLO BOUBA MAÏGARI, pour ne citer que ceux-là.

Ces décisions ont par ailleurs acquis l'autorité de la chose jugée, aucun arrêt n'étant intervenu postérieurement pour les infirmer ou les annuler et elles ont validé tous les frais et autres accessoires contenus dans le procès-verbal de saisie-attribution du 22 août 2000.
En effet, la SGBC a contesté cette saisie-attribution devant le juge des référés de Douala qui la déboute de son action par ordonnance n° 1135 du 21 septembre 2000.

Le Président de la Cour d'Appel du Littoral à Douala, saisi d'une requête aux fins de défenses à l'exécution provisoire de ladite ordonnance introduite par la SGBC, fait droit à cette requête par arrêt du 24 novembre 2000 en violation des dispositions des articles 49 et 336 de l'Acte Uniforme OHADA portant sur les voies d'exécution.

Pour le Ministre Amadou ALI, il y aurait violation d'une de ses circulaires, le délai d'appel n'étant pas expiré au moment de l'exécution, ce qui lui fait considérer la saisie comme abusive à croire que la circulaire d'un Ministre est au-dessus de la loi et au-dessus d'une décision de justice.

Face à cette violation manifeste de la loi, le juge de l'urgence de Douala saisi le 16 janvier 2001 par l'Etat du CAMEROUN et l'ex-ONCPB, en reversement des causes de la saisie-attribution des créances pratiquée le 22 août 2000,a ordonné le 31 janvier 2001 le reversement des causes de la saisie avec des intérêts et frais calculés sur des taux respectifs de 9% et 7%, le tout sous astreinte de 10 millions de francs par jour de retard à compter de son prononcé.

Par ces décisions, les fonds saisis étaient répartis et attribués ainsi qu'il suit :

A - Pour l'Etat du Cameroun et l'ex-ONCPB :

▪ Principal, intérêts et frais	3.987.972.800
▪ Intérêts supplémentaires	59.618.453
Soit au total la somme de F.CFA	4.675.601.253

A laquelle il faut ajouter l'astreinte de 10 millions de francs par jour de retard, portant ainsi les sommes revenant à l'Etat à plus de 14 milliards de francs CFA.

B - Pour l'Avocat et autres auxiliaires de la justice

Les dépens, émoluments, droit de recettes, TVA distraits au profit de Me Lydienne YEN EYOUM, Avocat aux offres de droit suite à l'ordonnance du Juge du contentieux d'exécution FCFA **1.096.353.355**

Dans les usages du Palais, c'est à l'Avocat au profit duquel les dépens ont été distraits qu'il revient de les recouvrer à charge de les répartir entre ayants droit.
Dans cette décision sont contenues des sommes que la SGBC a contestées mais elle n'a pu prospérer dans aucune de ses contestations en sorte que ces sommes sont définitivement dues, la décision qui les a accordées ayant acquis l'autorité de la chose jugée.

Sur le plan du droit, voyant la cause entendue, la SGBC entre en pourparlers avec le Ministre des finances Monsieur AKAME M'FOUMOU, en vue d'un règlement amiable des causes de la saisie-attribution. Celui-ci se montre rigoureux dans l'intérêt de l'Etat du Cameroun.

Mais l'argent est un mauvais Maitre, vous lui résistez, il finit par avoir raison de vous.

Aussi, le Ministre AKAME M'FOUMOU va-t-il finalement parvenir à un accord avec la Banque.

Lettre du Ministre des Finances AKAME M'FOUMOU
du 02 mars 2001
Au Directeur général de la SGBC :

> *... j'ai l'honneur de vous confirmer que les sommes arrêtées au titre de l'accord transactionnel s'élèvent à 3.979.342.624 ventilées ainsi qu'il suit :*
>
> | | |
> |---|---|
> | *Principal :* | *587.972.800* |
> | *Frais d'huissier* | *12.000.000* |
> | *Frais de procédure* | *379.370.824* |
>
> *Les dépens des Avocats sont légalement et irrévocablement dus par la partie qui succombe au procès*

Un détail fort en signification dans cette dernière lettre,
Le Ministre AKAME M'FOUMOU s'est donné la peine d'indiquer en clair :

> *1° que les dépens ne font pas partie de la transaction intervenue*
> *2° qu'ils doivent être supportés par la partie qui a succombé au procès, en l'occurrence la SGBC*
> *3° s'ils doivent être supportés par la SGBC au profit des auxiliaires de justice, il ne saurait donc s'agir de deniers publics*

Ainsi, contrainte de payer, l'astreinte de 10 millions de francs par jour de retard commençait à faire son œuvre, la SGBC offre de payer le principal et les frais accessoires et dépose entre les mains du Ministre de l'Economie et des Finances, un chèque d'un montant de FCFA 3.615.972.800 représentant

le principal de sa dette, libellé à l'ordre du Trésor Public en échange d'une mainlevée de la saisie-attribution.
Il était entendu entre le ministre, assisté de ses services techniques, et la SGBC que cette dernière se chargera de régler tous les frais accessoires, ainsi que les honoraires de l'Avocat de l'Etat, et que l'accord définitif devrait se matérialiser par un protocole d'accord dument signé de toutes les parties.

Et ce n'est qu'à cette condition que les poursuites pendantes en justice seraient arrêtées.

DE LA TRANSACTION DE LA HONTE

Dans l'appel interjeté par la SGBC contre l'Ordonnance n°299 rendue par le Juge de l'exécution le 31 janvier 2001, étaient mis en cause la SGBC partie appelante, l'Etat du Cameroun intimé et les auxiliaires de justice pour les dépens, le désistement d'appel en raison de la prétendue transaction n'ayant d'effet qu'au regard des parties à la transaction, mais pas à l'égard des auxiliaires de justice pour le recouvrement des dépens qui avaient été distraits à leur profit et qui sont devenus une créance définitive à la charge de la SGBC parce que, en droit, la distraction a pour effet de constituer l'Avocat qui l'a obtenue créancier direct de la partie perdante, celle-ci ne pouvant se libérer qu'en versant le montant entre les mains de cet Avocat.

La SGBC avait en effet fait appel du jugement validant la saisie attribution pratiquée à son préjudice et qui la condamnait à payer diverses sommes d'argent à Me Lydienne YEN EYOUM au titre de frais, émoluments et dépens distraits en sa faveur pour un montant de F.CFA 1.096.353.355

Il est donc important de bien intégrer les dispositions de l'arrêt du 08 août 2001 de peur de tomber dans le panneau du Ministre de la justice qui n'y voyait qu'un arrêt d'homologation d'une transaction

> *« …la Cour statuant publiquement et contradictoirement,*
> *Reçoit les appels interjetés*
> *Donne acte aux parties (Etat du Cameroun, SGBC, et Liquidation ONCPB) de leur transaction ;*
> *Déclare par conséquent les appels de la SGBC et de liquidation ONCPB sans objet*
> *Les dépens à leur charge. »*

Dans un de ses attendus, la Cour précise bien que *les fonds* que détient M[e] YEN EYOUM et qui sont en litige, *constituent des dépens, des émoluments, des droits de recette*…

Ainsi forte de la prétendue transaction entre la SGBC et le Ministre des finances, dont la Cour leur en a donné acte et a déclaré leurs appels sans objet, il est inexact juridiquement de dire que cet arrêt constitue un arrêt d'homologation de la transaction.
Une inexactitude juridique donc.

L'ordonnance n° 1135 DU 21 SEPTEMBRE 2000 du juge du Contentieux de l'Exécution de DOUALA-BONANJO déboutant la SGBC de sa contestation élevée contre la saisie-attribution des créances pratiquée à son préjudice pour la somme de 5.124.497.461,24 francs

Et l'ordonnance de référé n° 299 rendue le 31 janvier 2001 qui a ordonné le reversement des causes de la saisie avec des intérêts et frais calculés sur des taux respectifs de 9% et 7%, le tout sous astreinte de 10 millions de francs par jour de retard à compter de son prononcé, *conservent toute leur validité* à l'égard de Me Lydienne YEN EYOUM, Avocate au profit de laquelle les dépens ont été distraits, qui n'était pas partie à la transaction et n'avait donné aucun mandat au Ministre AKAME MFOUMOU pour transiger en ses lieu et place.

Surtout que de jurisprudence,

> *« L'Avocat auquel un droit propre et direct est conféré par la distraction des dépens ne peut se voir opposer, dès lors qu'il y est demeuré étranger, les conventions dont ces dépens auraient ultérieurement fait l'objet entre son client et la partie condamnée à leur paiement en vertu de l'effet relatif des contrats.*
>
> *Encourt donc la cassation, le jugement qui, pour annuler le commandement signifié à la requête de l'Avocat distractionnaire pour avoir paiement des dépens auxquels avait été condamnée la partie adverse, s'est fondé sur le reçu pour solde de tous comptes délivré à celle-ci par le client de l'Avocat ».*
>
> Civ. 2 juill. 1916, D.1916.372

Il était en effet, alloué aux auxiliaires de justice (Avocats et huissiers de justice) au titre des dépens, émoluments, droit de recettes, TVA, la somme de F.CFA 1.096.353.355 dont distraction au profit de Me Lydienne YEN EYOUM, Avocat aux offres de droit.

Cette somme fait partie des éléments de la saisie-attribution de créances toutes causes confondues, de F.CFA 5.124.497.461,24,

En se désistant de son appel contre la décision qui la portait, je veux dire l'ordonnance du Juge de l'urgence du 31 janvier 2001, la SGBC a rendu cette créance définitive et partante, liquide, certaine et exigible.

Ce désistement d'appel fait passer cette décision en force de la chose jugée, et la décision du juge des urgences qui en a ordonné le reversement vaut pour Me Lydienne YEN EYOUM un titre exécutoire qui l'autorise à pratiquer saisie-attribution de créances à la BEAC au préjudice de la SGBC.

En tout état de cause, les dépens distraits au profit de Me Lydienne YEN EYOUM constituent une créance propre de l'Avocate à laquelle le Ministre ne peut renoncer sans un mandat express que lui aurait donné M[e] YEN EYOUM ; en l'absence de tel mandat, la prétendue transaction n'est pas opposable à l'Avocate.

La SGBC reste donc devoir à Me Lydienne YEN EYOUM la somme de 1.096.353.355 francs incluse dans les décisions ayant consacré les causes de la saisie attribution du 22 août 2000 pour un montant de 5.124.497.461,24 F.CFA.

Et comme disait le Magistrat Monsieur Philippe AKOA, Directeur des affaires administratives et juridiques dans sa déposition du 6 mars 2006.

> *« ...La sécurité juridique devrait jouer autant pour les banques que pour l'Etat qui ne devrait pas remettre en cause l'exécution d'une décision rendue par un organe indépendant.*
> *Pour asseoir son autorité, l'Etat a besoin de se plier à sa Constitution.*
> *On comprendrait mal comment dans un Etat de droit, une décision de justice n'aurait pas la force que la loi lui donne... »*

Et l'Acte uniforme de l'OHADA portant organisation des procédures simplifiées de recouvrement et des voies d'exécution disposant dans son article 153 que

> *« Tout créancier muni d'un titre exécutoire constatant une créance liquide et exigible, peut, pour en obtenir le paiement, saisir entre les mains d'un tiers les créances de son débiteur portant sur une somme d'argent. »*

C'est en violation des droits de l'Avocat, au profit duquel des dépens ont été distraits que la Cour a prononcé l'annulation de la saisie attribution, surtout que cette saisie attribution de créances avait été entièrement exécutée 4 ans auparavant, donnant ainsi à croire que la SGBC, sujet de droit hors du commun, au Cameroun de Paul BIYA, bénéficiait d'une immunité qui la dispensait du paiement des frais de justice, et que ce serait à l'Etat de les supporter en ses lieu et place. Sinon, comment comprendre que l'on fasse annuler, par voie d'appel, 4 années après son exécution totale, une saisie-attribution régulièrement ordonnée ?

En bon droit

Le Juge d'appel aurait dû constater que la saisie-attribution était effectivement et entièrement exécutée et renvoyer la SGBC à mieux se pourvoir pour la récupération des sommes qu'elle prétend avoir payées à tort, ce qu'on nomme *« actio de in rem verso »*, en français, action en répétition Procureur général ni même une Autorité de l'Etat, fût-elle au niveau le plus élevé, ***ne saurait se muer en une juridiction*** pour ordonner ce paiement sans porter atteinte à l'organisation judiciaire du pays.

Sachant que l'Avocat qui reçoit des sommes d'argent pour le compte de son client doit les lui reverser dans un délai maximum de trois mois (article 22 alinéa 3 de la loi portant organisation de la Profession d'Avocat), dès que M[e] YEN EYOUM reçoit de la BEAC les fonds pour le compte de l'Etat du Cameroun/ex-ONCPB, elle en a immédiatement fait part à son client, en moins de trois jours, et par lettrefax, le Ministre l'a instruit de virer la moitié de la somme en cause dans un compte 41. 0000 dans les livres de la BEAC au profit du Trésor Public et de conserver l'autre moitié jusqu'à ce que les parties se mettent d'accord sur les honoraires de l'Avocat. Il n'y a là ni détention frauduleuse des fonds recouvrés, ni violation des lois et règlements sur la profession d'Avocat.

Que peut-on donc reprocher à l'Avocat à ce stade du Dossier au point à l'envoyer devant le Juge criminel ?

*

*   *

Un Ministre de la justice du Roi, ***« le Roi Soleil »,*** s'adressant à Lui, eut en son temps cette phrase restée célèbre et qui en disait long

« Sire, mettez qui vous voulez en prison,
Je vous trouverai des motifs »

Quelle Justice !...

C'est bien ce genre qu'utilisent le Vice-Premier Ministre, Ministre de la justice et son Procureur général pour faire jeter en prison un Avocat, deux Ministres de la République, un Administrateur civil principal et un Huissier de justice.

Il ne restait donc plus qu'à trouver les motifs.
Et ils les ont trouvés…

En témoignent :

1. **La lettre du 20 janvier 2006** portant n° B441/SG/PR

Le Ministre d'Etat
Secrétaire général de la
Présidence de la République

A Monsieur le **Secrétaire général**
Des Services du Premier Ministre

> *« J'ai l'honneur de vous notifier l'accord du Chef de l'Etat à vos propositions tendant à faire déférer M^es YEN EYOUM Lydienne, BALENG MAAH, Polycarpe ABAH- ABAH, Henri ENGOULOU et NGWEM au Parquet du Tribunal de Grande Instance du MFOUNDI en vue de l'ouverture d'une information judiciaire contre eux avec mandat de détention provisoire, du chef de détournement de deniers publics et complicité. »*

Et poursuivant sur le chemin de la démolition

> *« J'ai l'honneur de vous faire connaitre que le Chef de l'Etat a marqué son accord en vue du rétablissement de la SGBC dans ses droits, la saisie attribution pratiquée contre elle ayant été abusive.*
> *Il vous prescrit par conséquent d'instruire le MINEFI aux fins d'arrêter toute action engagée ou envisagée, dans le cadre de la procédure portée en objet, de rembourser les sommes indument saisies, sans préjudice le cas échéant, des poursuites à l'encontre des auxiliaires de justice (Avocat et Huissier de justice), auteurs des malversations dans cette affaire ».*

Comme l'agression sous cette forme à l'Avocat ne suffisait pas, ce sera au tour du Procureur de la République d'emboiter le pas

2. **Lettre du 06 février2008 du Procureur de la République** à M[e] YEN EYOUM

> *« Maitre ...je vous somme de restituer le reliquat des causes de la saisie du 13 juillet 2004, sous peine de poursuites judiciaires du chef l'abus de confiance aggravé. »*

Autre illustration :

3. Le bouquet sera cet **arrêt de la Cour d'Appel du Littoral rendu le 24 mars 2008** portant annulation de la saisie attribution des créances entièrement exécutée quatre (4) années auparavant, cela en violation flagrante de la jurisprudence de la Cour Commune de Justice et d'Arbitrage d'Abidjan.

La Cour d'appel du Littoral a réalisé un exploit, celui d'annuler une saisie-attribution entièrement quatre années auparavant, il faut le faire... tout en reconnaissant malgré tout que les fonds en litige que détient M[e] YEN EYOUM sont des dépens et ne sauraient en aucun cas se muer en deniers publics.

Voilà où on en arrive lorsque les influences occultes font leur œuvre sur des juges qui, tout en souhaitant idéalement rester au-dessus de tous soupçons, finissent par courber l'échine, car au-delà des principes, ils ne restent pas moins hommes.

Le commun des **Camerounais, désabusé, vous dira :**

« Il faut les comprendre », comme hier l'autre disait : *« Père, ils ne savent pas ce qu'ils font »*.
Ainsi, de fil en aiguille, la tolérance finit-elle par s'apparenter avec la complaisance.

Mais il n'y a pas de crime parfait. Aussi, la Cour, surprenant le Ministre de la justice qui l'avait commanditée, n'a-t-elle pas pu s'empêcher de reconnaitre que « *les sommes en litige réclamées ne constituent que des dépens, des émoluments dus aux Avocats et autres droits de recette et frais dus aux Huissiers instrumentaires…»*

(Page 33-3ème paragraphe de l'arrêt)

Cet arrêt apporte en prime la preuve que *le Ministre de la Justice n'a pas cessé d'intervenir dans cette affaire pourtant encore en cours devant les tribunaux,* prouvant, s'il en était encore besoin que :

La justice au Cameroun est aux ordres

En témoigne aussi ce procès-verbal de la **réunion tenue au Ministère de la Justice le 30 mai 2008** sous la présidence effective du Vice-Premier Ministre, Ministre de la Justice, Monsieur Amadou ALI

Y prenaient part :

- MM.-ESSIMI MENYE, Ministre des Finances,
- NGWANMESIA Georges,
- Josette ESSOMBA,
- Solange NGONO,
- Jean Paul KOUAM TEKAM,
- NSOGA Emile Zéphirin,
- SCHILICK Gilbert,
- HAMAN BOUBA,

Ordre du jour :

Affaire de l'Etat du Cameroun et l'ex-ONCPB c/SGBC
Sur la saisie-attribution

Il ressort clairement sur déclaration du Secrétaire Général de ce Ministère Monsieur NGWAMESIA que

" L'arrêt de 2008 est la conséquence logique de l'arrêt de 2001.
C'est le Ministre de la Justice qui a donné des instructions dans ce sens pour que cet arrêt soit rendu tel qu'il a été."

Informé de cette décision inique, la réaction du Ministre des finances, Monsieur ESSIMI MENYE, le client de M[e] YEN EYOUM ne s'est pas fait attendre, saisir immédiatement en appel la Cour Commune de Justice et d'Arbitrage à ABIDJAN.

« Faisant suite à votre compte rendu du 26 mars 2008 relatif à l'arrêt du 24 mars 2008 rendu par la Cour d'Appel du Littoral dans l'affaire visée en objet, je vous demande de bien vouloir saisir la Cour Commune de Justice et d'Arbitrage à ABIDJAN .aux fins d'obtenir la cassation de ladite décision et de poser tous les actes nécessaires à la défense des intérêts de l'Etat dans cette affaire ».

Suite à des pressions gouvernementales initiées par le Ministre de la Justice, le jeune Ministre des Finances a fini par courber l'échine et décider de se désister de son pourvoi, après une inédite signature d'un protocole d'accord de compensation des créances réciproques entre l'Etat du Cameroun et la Société Générale de Banques au Cameroun, ceci laissant donc supposer que la somme de 2.155.971.808, 27 FCFA, objet de la saisie du 15 juillet 2004, appartenaient à la SGBC.

Pour le Ministre de la justice, il fallait tout faire pour éviter que la Cour Commune de Justice et d'Arbitrage d'ABIDJAN n'en vienne à désavouer le Juge de Yaoundé, donnant par sa décision raison à M[e] YEN EYOUM qui a toujours soutenu faire l'objet d'un harcèlement judiciaire et d'une détention arbitraire, servant de cobaye pour les éléphants qui se battent.

D'abord opposé à la signature dudit protocole, le Ministre des Finances ESSIMI MENYE finit par céder.
Alors si les sommes saisies appartiennent désormais à la SGBC, où est donc l'infraction surtout criminelle flanquée sur le dos de Me Lydienne YEN EYOUM ?

Il faut vraiment avoir les nerfs solides pour vivre dans ce contexte.
Ya-t-il meilleure preuve de la soumission de la Justice à l'Autorité politique, portant ainsi gravement atteinte à l'indépendance de la Magistrature ?

Des esprits, de mauvais esprits ne manquent pas de se faire entendre.

Les agitations de Me MBIAM pour calmer le jeu, tentant de négocier avec la Présidence de la République de faire passer la cause du criminel au civil, n'y feront rien. Me Lydienne YEN EYOUM reste en prison et écopera pour finir d'une peine criminelle de 25 ans d'emprisonnement

Mais par quelle gymnastique de l'esprit en est-on arrivé à faire passer des dépens pour des deniers publics, au point de jeter en prison sans scrupules deux Ministres, un Administrateur civil principal, un Avocat et un Huissier de justice ?

Le Procureur général près la Cour Suprême, Monsieur RISSOUCK à MOULONG, dans une de ses interventions à l'occasion de la rentrée solennelle de cette Auguste Cour, déclarait :

> *« …il est évident que le respect de l'obligation de motiver permet le contrôle du respect d'autres aspects fondamentaux du procès. Il amène notamment à vérifier le respect du principe du contradictoire et des droits de la défense.*
> *Il permet également de s'assurer de la difficile exigence de l'impartialité du Juge.*

Cette impartialité qui se décline essentiellement en deux grandes articulations qui se ramènent à des droits subjectifs. La première est le droit à un tribunal qui donne à voir sa neutralité et qui se décline en une double protection : la protection du justiciable contre le jeu des qualifications juridiques et la protection du justiciable grâce à la neutralité apparente du tribunal. La seconde est celle de la nécessité d'une justice humaine qui s'analyse en la conscience non infectée du juge et en la protection du juge contre lui-même, car, on ne le dira jamais assez, la justice doit être humaine parce que l'accès du juge « reconstitue un lien social et démocratique » qui « place le Juge au centre de la Société en tant qu'il est une personne digne d'assurer cette fonction politique »
On ne peut terminer ce propos sans évoquer l'obligation de motiver au regard de la responsabilité particulière du juge pénal pour affirmer que les cas les plus graves, c'est-à-dire ceux où les poursuites aboutissent à la peine de mort ou d'emprisonnement à perpétuité, le défaut de motifs de la décision peut s'assimiler à un véritable assassinat judiciaire»

Sommes-nous encore dans un Etat de droit composant avec des responsables d'Etat de bonne foi, lorsque ceux-ci en viennent à nier avoir reçu tel courrier parce que la réception de ce courrier n'arrange pas leur préoccupation ?

C'est le cas du Ministre Amadou ALI qui, écrivant à son collègue, Ministre des finances, allègue que la lettre n° 94/MINFI/SG/DAJ/OC du 25 mars 2008 qui lui était adressée dans l'optique de garantir une meilleure protection des intérêts de l'Etat ne lui était pas parvenue ;

C'est aussi le cas du haut Magistrat qui affirme des faits dont il ne peut en rapporter la preuve, procédant par déduction, par intime conviction quand on sait qu'on est en matière pénale et que maître de l'action publique, il est censé instruire à charge et à décharge.

Le Procureur général près la Cour d'appel du Littoral, dans sa correspondance du 28 janvier 2009 adressée au Vice-Premier Ministre, Ministre de la justice, Garde des Sceaux, laisse entendre à ce Haut Responsable d'Etat que M[e] YEN EYOUM aurait caché à son client, le Ministre des finances, l'existence de l'arrêt du 08 août 2001 par lequel la Cour d'appel du Littoral prenait acte de la transaction intervenue entre les parties, et partant, pourquoi ne pas le dire, que celle-ci se comporte comme si elle ignorait tout de l'existence de transaction.
Là où ce Ministre des finances lui-même affirme :

> *«... je n'ai pas informé officiellement M[e] YEN EYOUM de la Mainlevée qui avait été donnée.....*
> *Ajoutant à la limite du ridicule, d'un ridicule qui n'honore pas le Ministre d'Etat qu'il était*
> *« Je dois souligner que compte tenu de la vivacité et de la sagacité de M[e] YEN EYOUM, il est difficile de concevoir qu'elle n'ait pas pu savoir ce qui se passait ».*

P.V. DE CONFRONTATION DEVANT LE JUGE D'INSTRUCTION DU 25 FEVRIER 2011

Les manipulations qui ont eu lieu dans cette affaire par l'intrusion , à la limite de la fraude, de Me MBIAM, ne peuvent pas échapper à ce Ministre qui s'est permis de transiger avec la SGBC sur le dos de M[e] YEN EYOUM, Avocate qu'il a lui-même constituée, sachant que les pièces qu'il a remises à Me MBIAM étaient destinées au Juge d'appel en cours du délibéré au mépris de la règle de leur communication aux Conseils réguliers des parties.
Nous parvenons ici à une situation de fait que réprouve Thémis, elle qui aimait à tenir les plateaux d'une balance avec

laquelle elle pesait les arguments des parties adverses quand elle assistait Zeus dans l'Olympe.

Le débat se voulait loyal et correct.

Comment un Procureur général, neutre par définition, qui doit instruire à charge et à décharge, censé être en quête permanente de la vérité, parvient-il à refuser la vérité des faits pour créer sa propre vérité. Pourquoi, lorsque les services techniques du Ministère des finances n'ayant pas été informés de la transaction intervenue entre leur Ministre et la SGBC, ni reçu de celui-ci des instructions de clôturer le dossier, soutiennent que « pour eux », le dossier restait toujours en circulation, surtout que le Ministre en question ne dit nulle part les avoir tenus informés, pourquoi, « je me le demande », ce Procureur général s'obstine-t-il à refuser de les croire, versant sur des jugements de valeur dont un Juge responsable doit se garder.

En justice, la conviction n'est pas une preuve

Le ***« Mettez qui vous voulez en prison, je vous trouverai des motifs »*** **est donc loin, bien loin d'être le fondement d'une bonne justice, libre et égale pour tous.**

*

* *

Parlons maintenant de l'aspect pénal du dossier

Y a-t-il lieu de voir dans les faits reprochés à Me Lydienne YEN EYOUM des éléments constitutifs du crime de détournement de deniers publics ?

En droit, pour qu'il y ait crime de détournement des deniers publics, il faut :

- A) - ***L'acte matériel***

L'acte matériel de détournement consiste à utiliser la chose à des fins étrangères à celles qui avaient été convenues. Ainsi toute restitution des fonds est impossible.
Les fonds en litige doivent être aux termes de l'article 184 du code pénal
Quelque bien que ce soit...appartenant, destiné ou confié à l'Etat... »

Exemple : un mandataire qui utilise les fonds remis à des fins personnelles.

- B) - ***L'intention frauduleuse***

L'élément moral est le fait d'avoir conscience que la détention est prévue comme précaire ou temporaire mais aussi de la possibilité d'un préjudice résultant de l'acte volontairement accompli contrairement au caractère temporaire ou précaire de cette détention.

L'auteur du détournement doit avoir pleinement conscience qu'il a violé les obligations contractuelles et que ce détournement va le mettre dans l'impossibilité de restituer les fonds.

Nous avons démontré en droit que les sommes que détenait Me Lydienne YEN EYOUM étaient des dépens qui avaient été distraits à son profit par diverses décisions de justice, notamment,

L'Ordonnance n°1135 du 21 septembre 2000, et l'Ordonnance n°299 du 31 janvier 2001 qui condamne la SGBC et la BEAC au reversement à l'Etat de la somme de 5.124.497.461,24, correspondant à la saisie-attribution du 22 août 2000 sous astreinte de 10 millions de francs par jour de retard à compter de la date du prononcé de l'ordonnance et d'une condamnation au paiement des intérêts et frais .

Dans le procès-verbal de saisie-attribution, ainsi que l'exigent les textes de l'OHADA sous peine nullité toutes les rubriques y étaient clairement détaillées.
La SGBC a contesté ces décisions mais n'a malheureusement pas eu gain de cause, en sorte que ces condamnations sont devenues définitives.

Dans ces éléments de condamnations figurent les dépens dont bénéficie Me Lydienne YEN EYOUM.

> *La distraction a pour effet de constituer l'Avocat qui l'a obtenue créancier direct de la partie qui succombe (partie perdante), celle-ci ne pouvant se libérer qu'en versant le montant entre les mains de cet Avocat.*

Civ. 9 novembre 1910 – D.P 1912.I.360

> *L'Avocat auquel un droit propre et direct est conféré par la distraction des dépens ne peut se voir opposer, dès lors qu'il y est demeuré étranger, les conventions dont ces dépens auraient ultérieurement fait l'objet entre son client et la partie condamnée à leur paiement en vertu de l'effet relatif des contrats.*

En transigeant avec la SGBC, le Ministre des finances a renoncé à un certain nombre de droits, ceux qui revenaient à l'Etat, il en avait qualité et pouvoir pour y renoncer, mais ceux qui revenaient aux auxiliaires de justice (Avocats et Huissiers de justice (*des émoluments, le droit de recette, les dépens et autres frais de procédure),* le Ministre des finances n'avait ni qualité ni pouvoir pour y renoncer, n'ayant reçu aucun mandat pour ce faire de la part des bénéficiaires.

Ces sommes distraites au profit de Me Lydienne YEN EYOUM sont dans la saisie-attribution du 15 juillet 2004, le Juge du Contentieux de l'exécution du Tribunal de Première Instance de DOUALA-BONANJO, par son ordonnance n° 76 du 14 décembre 2004, ayant constaté que cette saisie-attribution était bonne et valable, a ordonné le reversement de la somme de 2.155.971.808 francs au profit de l'Etat.

Sachant, en droit, que les dépens distraits au profit de l'Avocat constituent *une créance propre et directe de cet Avocat*, tant que Me Lydienne YEN EYOUM n'a pas renoncé à cette créance, celle-ci lui reste toujours due et sa renonciation par le Ministre des finances ne lui est pas opposable.

Voilà qui, dans un Etat de droit doit pouvoir couper court à ce questionnement.

*

*　　*

Deniers publics ou fonds privés ?

La réponse à cette interrogation nous vient des divers protagonistes du dossier.

I - Pour la Cour d'Appel du littoral

L'arrêt de du 24 mars 2008 qui a annulé la saisie-attribution 4 ans après son exécution totale et complète,

> *Les sommes réclamées ne constituent que les dépens, honoraires d'Avocats et autres droits de recette et frais dus aux huissiers instrumentaires*

Page 33-3ème paragraphe de l'arrêt

II - Pour le Ministre des finances ABAH-ABAH

> *Les sommes saisies qui s'élèvent cette fois-ci à 2.155.971.808 francs, représentent le reliquat dû depuis avril 2001 et les intérêts sur la période allant du 3 avril 2001 au 21 juin 2004 et se répartissent ainsi qu'il suit :*
>
> *L'Etat du Cameroun-ex-ONCPB 1.059.618.453*
> *Les Avocats et huissiers (dépens) 1.096.353.453*
>
> *L'Etat ayant intégralement perçu les sommes qui lui étaient dues…je ne trouve pas d'objection à ce les Conseils et huissiers perçoivent leur dû, le montant n'étant ni plus ni moins que des frais de procédure admis par les tribunaux et supportés par la Banque*

III - Pour l'Ancien Ministre des finances AKAME MFOUMOU

Les dépens des Avocats sont légalement et irrévocablement dus par la partie qui succombe au procès

Un détail fort en signification dans cette dernière lettre car il indique en clair

1° / que les dépens ne font pas partie de la transaction intervenue

2°/ qu'ils doivent être supportés par la partie qui a succombé au procès, en l'occurrence la SGBC

3°/ s'ils doivent être supportés par la SGBC au profit des auxiliaires de justice, il ne saurait donc s'agir de deniers publics.

IV – Pour le Ministre de la justice Amadou ALI qui est à cent années-lumière des subtilités juridiques, Me Lydienne YEN EYOUM revendique ses honoraires, elle n'a qu'à se les faire taxer par le bâtonnier de son ordre.

Le Garde des Sceaux doit savoir que s'il n'y a pas de conflit d'honoraires entre l'Avocat et son client, la saisine du Bâtonnier sans intérêt, « pas d'intérêt, pas d'action » d'une part, d'autre part la SGBC n'étant pas cliente de YEN EYOUM, il ne saurait y avoir dans leurs rapports qu'un problème recouvrement de créances dont l'autorité politico-administrative ne sera jamais juge.

Il faut aussi qu'il sache enfin que l'Avocat disposant d'un titre exécutoire, l'ordonnance ayant distrait les dépens à son profit, la distraction a pour effet de constituer l'Avocat qui l'a obtenue créancier direct de la partie qui succombe (partie perdante), celle-ci ne pouvant se libérer qu'en versant le montant entre les mains de cet Avocat.

Civ. 9 novembre 1910 – D.P 1912.I.360

Et tant que la SGBC n'aura pas payé cette créance qu'elle doit à M[e] YEN EYOUM, son exécution forcée sera toujours possible, et son recours au niveau le plus élevé de la République n'y fera rien, elle paiera parce que les décisions de justice doivent être exécutées et respectées.

La SGBC reste donc devoir à Me Lydienne YEN EYOUM la somme de 1.096.353.355 francs incluse dans les décisions ayant consacré les causes de la saisie-attribution du 22 août 2000 pour un montant de 5.124.497.461,24 francs.

L'annulation de la saisie attribution par l'arrêt du 24 mars 2008 n'a pas d'effet sur les droits de Me Lydienne YEN EYOUM et cela tout simplement parce que la SGBC s'étant finalement désistée de son appel contre la décision de justice qui a rendu M[e] YEN EYOUM créancière des dépens qu'elle doit supporter au titre de la partie qui a perdu le procès, cette créance est devenue définitive et parfaite.

Les sommes que détient Me Lydienne YEN EYOUM d'un montant total de 1.096.353.355 francs n'ont rien qui puisse les faire passer pour des deniers publics et le fait qu'elle les détient ne saurait justifier une procédure contre elle du chef de détournement de deniers publics.
Et c'est bien la position dominante des protagonistes dont le Ministre des finances Monsieur ABAH-ABAH n'est pas des moindres, et comme il l'a été dit plus haut, la somme de 1.096.353.453 de francs constitue bien les dépens et rien des dépens distraits au profit des auxiliaires de justice. C'est donc à ce titre que le Ministre ABAH-ABAH est bien d'accord pour que les intéressés perçoivent leur dû.

Face à cette position forte embarrassante pour tous ceux qui voulaient être à tout prix agréables à la SGBC, la décision a été de mettre dans le même panier tous ceux qui pourraient contrarier leur dessein et l'on en a fait des coauteurs sinon des complices d'une infraction qui juridiquement n'existait pas.

Dans ce cas, sommes-nous encore dans un Etat de droit ?

Et **Monsieur AKOA Philippe,**
Chef de la Cellule juridique
du Ministère de la justice

De s'exclamer, et là est toute la réponse

> *« Pour asseoir son autorité, l'Etat a besoin de se conformer à sa Constitution. On comprendrait mal comment dans un Etat de droit, une décision de justice n'aurait pas la force que la loi lui donne ».*

Peut-on juridiquement donner mainlevée d'une saisie attribution de créances dont le reversement des causes a entièrement été exécuté quatre années auparavant ?

Ne devons-nous pas dire que la saisine de la Cour d'Appel du Littoral à Douala, qui a abouti à l'arrêt d'annulation était dépourvue d'objet après qu'il a été établi que le reversement des fonds ordonné par le juge était déjà réalisé, et cela depuis belle lurette?

Si la Cour n'avait pas les mains liées, elle n'avait plus qu'une chose à faire, *constater l'exécution de la saisie-attribution litigieuse et renvoyer la SGBC à mieux se pourvoir.*

De la sorte, si la SGBC estime toujours avoir payé à tort des sommes qu'elle ne doit pas, elle devait procéder à une action en répétition de l'indu qui s'analyse en droit comme la procédure s'appliquant au droit qui appartient à un plaideur d'obtenir le remboursement de la valeur dont un autre s'est injustement enrichi à ses dépens.

Plutôt que d'observer ce formalisme judiciaire, la SGBC a instrumentalisé l'ex- ministre de la justice et partant, *la justice Camerounaise* en en faisant son agent de recouvrement, et nous en sommes là !!!

Que reste-t-il donc qui permet de persister d'entrer en condamnation au pénal de Me Lydienne YEN EYOUM du chef de détournement de deniers publics en application de l'article 184 du Code pénal
Le texte dit :

« Quiconque... soit obtient ou retient frauduleusement quelque bien que ce soit... appartenant, destiné ou confié à l'Etat... est puni... »

Nous sommes en matière pénale, et dans ce domaine, les textes sont d'interprétation restrictive et généralement à la faveur du mis en cause.

Comment peut-on espérer retrouver les éléments caractérisant cette infraction, disons « ce crime », notamment l'élément matériel et l'élément moral, la base légale étant fixée.

Pour ce qui est de l'élément matériel, il faut déterminer l'origine et la nature des fonds litigieux. *Ces fonds consistent en des dépens distraits au profit de l'Avocat M[e] YEN EYOUM.*

Il est de doctrine et de jurisprudence établies que les dépens embrassent et englobent les frais occasionnés par la levée, l'enregistrement et la signification du jugement ; ils englobent tous les frais antérieurs à la décision de justice ou formant son complément nécessaire sans qu'il y ait lieu de distinguer entre ceux avancés ou non par le client de l'avocat distractionnaire.

PARIS 10 DECEMBRE 1938 D.H., 1939.27

La démonstration est faite que ces fonds ne sont pas des deniers publics.

Les dépens avaient, en effet, été distraits au profit de Me YEN EYOUM, ils constituent sa propriété.

Le fait de procéder au recouvrement au nom de l'Etat, en exécution d'une décision favorable à l'Etat ne fait pas de ces fonds des fonds de l'Etat tant il est acquis que l'Avocat qui a obtenu la distraction des dépens ne devient pas partie dans l'instance et ses intérêts ne pouvant nullement être remis en cause, procédant à l'exécution l'Etat ne saurait ni s'approprier ni se voir attribuer ces fonds spéciaux en ce qu'ils sont devenus des droits acquis pour l'Avocat.

Le droit aux dépens est d'ordre public, et tout arrangement entre le client de l'Avocat et la partie adverse ne saurait y porter atteint.

Grenoble 9 juin 1903 D.P. 1905.II. , 291

Ré. 12 décembre 1904 D.P 1906.I.163

Il faut ajouter que même l'arrêt de la Cour d'appel n°62/REF du 24 mars 2008 prononçant l'annulation de la saisie-attribution, 4 ans près son exécution totale et complète, ne reconnait pas à ces fonds le caractère de deniers publics, il affirme, au contraire dans un de ses attendus que

> *« …les autres accessoires et frais, c'est-à-dire, ceux effectivement revendiqués par Me YEN EYOUM et qui lui valent la condamnation à 25 années d'emprisonnement, ne constituent que les dépens, les honoraires des Avocats et autres émoluments, droit de recette et frais dus aux huissiers instrumentaires et dont le recouvrement forcé n'incombe pas à l'Etat du Cameroun et la liquidation de l'ex-ONCPB, ceux-ci n'ayant reçu aucun mandat de ceux-là pour le faire. »*

Une fois de plus, que reste-t-il dans ce dossier qui permet de persister dans la voie de condamnation de M[e] YEN EYOUM du chef de détournement de deniers publics en application de l'article 184 du Code pénal ?

Rien, rien, sinon la renvoyer des fins de poursuites sans peine ni dépens, donner mainlevée à la saisie de ses comptes, la réhabiliter pour lui permettre de retrouver sa dignité.
Et ce sera justice.

A la lecture de cet exposé, je pense que vous avez pu, comme moi, vous rendre compte, ö combien nos responsables d'Etat (hommes politiques, hommes de pouvoir de tous de tous bords et de tous niveaux) s'emploient à servir plus des intérêts privés que les causes d'intérêt général.

Ce

> *« En ma qualité de Ministre d'Etat du gouvernement de la République, je vous assure, Monsieur le Directeur général, que je m'engage personnellement à accomplir, toute diligence utile auprès des instances les plus élevées de l'Etat, afin que le droit soit entendu et que toute illégalité au préjudice de la SGBC soit mise à néant »*

ne vous a pas laissés indifférents à l'idée de voir un compatriote, Ministre de la République, qui émarge sur le budget de l'Etat, mettre tout le poids de son autorité au service d'intérêts à l'encontre de l'Etat.

L'attitude du Ministre de la Justice qui, de par ses fonctions, doit faire respecter la loi et les décisions de justice, n'est pas des moins choquantes lorsqu'il affirme que

> *« Ces procédures judiciaires ont donné lieu aux décisions de justice contestées par la SGBC, et cela a fait l'objet de l'arbitrage de la hiérarchie… »*

Le

> *« Je vous somme de restituer le reliquat de la saisie...sous peine de poursuites judiciaires du chef d'abus de confiance aggravé. »*

du Procureur de la République à l'adresse de l'avocat qui ne détient les fonds litigieux qu'à la suite des décisions de justice sonne le glas.

Bref, tout cela constitue autant d'attitudes qui mettent à nu les comportements déviants qui ne sauraient assurer au justiciable ***« une justice de qualité, indépendante et impartiale, ni veiller à l'éradication de la culture de l'impunité, et ainsi, assurer la paix sociale, et au-delà la concorde nationale. »***

Si cet exposé a pu attirer votre attention sur autant de travers, vous inciter à exiger plus et à attendre mieux de ceux à qui vous avez confié la protection de vos droits et libertés, alors, il n'aura pas été inutile. *Et aujourd'hui plus que jamais, gardons-nous de laisser une étincelle se transformer en flammes.*

J'ai dit/

Postface
du bâtonnier
Patrice MONTHE

Monsieur le Bâtonnier YONDO BLACK MANDENGUE, Avocat brillant et chevronné, est incontestablement l'un de ceux qui font la fierté du barreau du Cameroun, car il incarne cette tradition séculaire de juristes, légistes, jurisconsultes et d'hommes d'honneur dont notre pays a tant besoin.

Aussi, lorsqu'il m'a sollicité pour rédiger ces quelques lignes en guise de postface de l'ouvrage qu'il consacrait *à « l'affaire »* de notre admirable Consoeur Lydienne YEN EYOUM, ce fut pour moi un grand honneur, doublé d'une indéniable émotion, car Lydienne se trouve être également depuis de longues années une amie.

Dans ce livre écrit d'un trait, dans un style épuré, le Bâtonnier YONDO BLACK MANDENGUE fait en réalité le procès de la *« justice »* camerounaise si décriée, qui est l'objet des sévères récriminations, tant des observateurs que des analystes nationaux et internationaux.

Il met ainsi en exergue, par une démonstration implacable, que le Justice camerounaise est devenue une véritable *« arme de destruction massive »*.

Les règles de forme et de fond sont jetées aux orties, foulées au pied ; toutes les basses manœuvres et les vilénies se justifient lorsqu'il faut absolument entrer en voie de condamnation contre un innocent dont le sort, pour des raisons inavouées, a été scellé avant même que le procès ne commence par le pouvoir politique, au mépris d'un principe cardinal du droit, celui de la séparation des pouvoirs si cher à

MONTESQUIEU, et qui est consacré par notre constitution dans son article 26.C.6.

Ce livre pose avec une particulière acuité la question primordiale de l'existence de « *l'Etat de Droit* » au Cameroun.

En effet, peut-on raisonnablement exciper de « l'Etat de Droit » dans notre pays, et ce malgré la proclamation constitutionnelle de la séparation des pouvoirs, lorsque malheureusement la Justice en tant qu'institution demeure inféodée au Pouvoir Exécutif ? Où de véritables injonctions sont faites par les autorités gouvernementales aux juges judiciaires.

Monsieur le Bâtonnier YONDO Black Mandengué nous fait la démonstration d'une grande clarté tout au long de cet intéressant ouvrage, comment tout au long de cette procédure inique et inqualifiable, l'indépendance de la justice et les garanties du procès équitable ont été, et sont constamment violées, et quelquefois hélas avec la complicité de certains de nos confrères, les pressions sur la justice ou la connivence avec certains acteurs de celle-ci est avérée.

Notre Justice est ainsi violée quasi quotidiennement par ceux qui ont pourtant la mission régalienne de la protéger, de la défendre et de la respecter.

Car respecter la Justice, c'est respecter bien sûr l'institution qui porte le nom de la plus belle des vertus, comme nous l'enseignaient nos illustres anciens.

Ce récit illustre comment, à la suite d'un oukase de certains hommes du pouvoir, la justice pourtant « rendue au nom du peuple camerounais » a été éhontement bafouée, transformant la vie professionnelle d'une excellente avocate en un véritable cauchemar.

A la fin du procès de notre consœur Lydienne YEN EYOUM, dont on voit d'ailleurs qu'il n'en fut pas un, à l'énoncé di verdict, celle-ci aurait pu hurler, tel le capitaine Alfred DREYFUS, au moment de sa dégradation, dans la grande cour de l'Ecole militaire, place de Fontenoy, d'une voix métallique et qui casse :

« Soldats, on dégrade un innocent ;
Soldats, on déshonore un innocent… »

Aujourd'hui le citoyen camerounais attend de ses juges qu'ils se lèvent comme un seul homme pour reconquérir leur indépendance et mettre fin à cette instrumentalisation de la justice qui lui est devenue inacceptable, car elle se rend au détriment du droit des gens.

Le citoyen camerounais a une très haute idée de la loi et corrélativement de celle du juge, mais il considère que quand on est chargé d'une telle mission d'Etat, on ne peut laisser libre cours à l'improvisation de la conscience, il faut que le juge qui incarne cette haute hiérarchie ne soit pas susceptible de céder à la démagogie.

J'ai souvent pensé que nos juges devraient, comme à Athènes, dans la Grèce Antique, prêter le beau serment de l'Héliaste ainsi conçu :

« J'écouterai avec une égale attention l'accusateur et l'accusé et je ferai porter mon vote sur l'objet précis de la poursuite. »

Je voudrais en terminant ces quelques lignes, pensant à nos juges, citer cette belle tirade de notre excellent confrère, alors avocat au Barreau de Paris, Jean-Louis TIXIER VIGNANCOUR, plaidant pour un officier supérieur devenu membre de l'organisation de l'Armée Secrète (OAS), devant la Cour de Sureté de l'Etat :

« Messieurs les Juges de la Cour de Sureté, vous travaillez avec l'histoire, du moins vous le croyez ; vous travaillez conduits par le vent de l'histoire et ce vent vous emporte, et il nous sépare irrésistiblement. Vous êtes déjà très loin de nous, si loin que nous n'avons plus rien à nous dire. Vous allez avec le vent et nous sommes semblables à ces bornes qui, dans nos campagnes, marquent les limites des champs et des chemins. Les charrettes montent, descendent, depuis des siècles, elles heurtent ces bornes, elles passent ; elles les usent mais ne les déplacent pas.

Messieurs qui êtes emportés par le vent de l'histoire, nous sommes, nous, semblables à ces bornes ! »

C'est pourquoi nous devons continuer à dénoncer ces abus et ces violations de la Justice de notre pays afin que demain, grâce à cette action énergique, la Justice camerounaise ne soit plus une justice qui opprime les faibles, broie les adversaires, afin que demain les pages sombres de notre Justice soient tournées.

Me Patrice MONTHE
Secrétaire de la conférence des Avocats en stage
Ancien Avocat au Barreau de Bordeaux
Avocat au Barreau du Cameroun
Ancien Bâtonnier de l'ordre

L'EX - ONCPB CEDE À LA SOCIETE CACAO-BARRY LES ACTIONS QU'IL DETENAIT DANS LE CAPITAL DE CETTE SOCIETE LE PRIX EST VERSE À LA SGBC QUI N'ENTEND PAS S'EN DEPARTIR SOIT 3.637.972.800 FRANCS

Pour vaincre la résistance de la SGBC

Contredit

Ordonnance de référé n°1135
Du 21 septembre 200 déboutant la SGBC de son action en contestation

Une 1ère saisie-attribution de création en paiement de la somme de **5.124.497.461,24 frs** a été pratiquée sur P.V de saisie du 22 Août 2000

Ordonnance de référé **n°299**
du 31 janvier 2001 condamnant la SGBC à payer les causes de la saisie avec intérêts de 7% & 9% sous astreinte de 10 millions de francs par jour de retard

La SGBC **fait appel de cette Ordonnance puis se desiste de son appel en sortant que**
Les sommes objet de la saisie sont définitivement acquises aux bénéficiaires

Parallèlement

La SGBC se rapproche du Ministre des finances AKAME M'FOUMOU lequel, moyennant paiement *par la SGBC de la somme de* **3.637.972.800 francs**, *donne mainlevée de la saisie et renonce outre à l'astreinte, à tous les autres droits*

De quoi sont constitués ces droits?

- Des dépens dus aux Avocats, des émoluments
- Du droit de recette de l'huissier
- Des frais de procédure
- De la TVA de ces sommes

Il ne s'agit donc pas de deniers publics

Tous des droits distraits au profit de Me Lydienne YEN EYOUM et pour lesquels le Ministre AKAME M'foumou n'avait ni pouvoir ni qualité pour transiger

L'Avocat auquel un droit propre est conféré par la distraction des dépens ne peut se voir opposer, dès lors qu'il y est étranger, les conventions dont ces dépens auraient ultérieurement fait l'objet entre son client et la partie condamnée à leur paiement en vertu de l'effet relatif descontrats.

Cette transaction faite en marge de toute transparence, sur le dos des services techniques du Ministère des finances et de l'Avocat constitué de l'etat va engendrer une 2ème Saisie-Attribution de créance pour pour avoir paiement de la somme 2.155.971.808,27 francs

2ème saisie-Attribution de créances
en paiement de la somme de
2.155.971.808,27 francs
P.V de saisie du 15 Juillet 2004

Constestation de cette saisie par la SGBC devant le juge du Contentieux de l'exécution

Ordonnance du Juge du Contentieux de l'exécution rendue le 14 Décembre 2004 sous n°76 *constatant que la saisie est bonne et valable, ne suffira d'aucune irrégularité et qu'il n'y a pas lieu d'en ordonner main-levée et ordonnant à la BEAC le reversement de la somme de 2.155.971.800 frs,et disant son ordonnace exécutoire sur minute, avantenregistrement et nonobstant appel*

Répartition des fonds

- ***Pour le ministre des finances ABAH ABAH***
  Etat du Cameroun : 1.059.618.453
  Avocats & Huissier : 1.096.353.355
- ***Pour le ministre des finances AKAME M'FOUMOU***
  Les dépens sont légalement dus et à la charge de la partie qui sucombe au procès.
- ***Pour le Ministre de la justice Amadou ALI***
  Le Ministre AKAME M'FOUMOU a renoncé à ses droits sur les dépens, le droit de recette de l'Huissier, les frais de procédure, la TVA portant sur ces droits alors qu'il reconnait lui-même en les citants qu'il s'agit des droits dus aux auxiliaires de justice
- ***Pour l'arrêt de la cour d'appel du 24 Mars 2008 qui annule la saisie***
  ces fonds ne sont que des dépens et émoluments dus aux Avocats, le droit de cette recette de l'Huissier instrumentaire, des traits de procédure sans rapport avec des deniers publics et le Ministre des finances ne pourrait transiger sur eux sans y être mandaté par les bénéficiaires

Voilà pourquoi nous soutenons que Me YEN EYOUM fait l'objet d'un procès qui ne relève pas du droit mais plutôt d'un rapport de forces et que nous reclamons sa libération à la suite d'une grâce amnistiante que nous sollicitons auprès du Chef de l'Etat

Tout cela établit que seule la SGBC pouvait se plaindre du paiement de ces fonds et non l'Etat du Cameroun, ne s'agissant pas de fonds publics, et un tel contentieux ne saurait relèver du Tribunal Criminel Spécial.

Tout cela établit que seule la SGBC pouvait se plaindre du paiement de ces fonds et non l'Etat du Cameroun, ne s'agissant pas de fonds publics, et un tel contentieux ne saurait relever du

Légende des Images

Les deux images de couverture sont des photos prises par mon I-Phone

La robe d'Avocat symbolise la défense
La seconde photo, la **statue de Thémis,** une déesse de la mythologie grecque symbolise la justice.

Il s'agit donc des images libres de ma production

La photo de la **salle d'audience de la Cour suprême** est prise avec mon I-Phone.

L'image de Me Lydienne YEN EYOUM avec Me Dominique Attias, la vice-bâtonnière du barreau de Paris est l'expression de l'appui que cette brillante Avocate de Paris n'a cessé d'apporter à Me Lydienne YEN EYOUM.

Les **deux photos de M^e^ YEN EYOUM** présentent en image celle en l'honneur de laquelle cet ouvrage a été façonné.

« Je hais les victimes
qui respectent leurs bourreaux. »
Jean-Paul Sartre

L'HARMATTAN ITALIA
Via Degli Artisti 15; 10124 Torino
harmattan.italia@gmail.com

L'HARMATTAN HONGRIE
Könyvesbolt ; Kossuth L. u. 14-16
1053 Budapest

L'HARMATTAN KINSHASA
185, avenue Nyangwe
Commune de Lingwala
Kinshasa, R.D. Congo
(00243) 998697603 ou (00243) 999229662

L'HARMATTAN CONGO
67, av. E. P. Lumumba
Bât. – Congo Pharmacie (Bib. Nat.)
BP2874 Brazzaville
harmattan.congo@yahoo.fr

L'HARMATTAN GUINÉE
Almamya Rue KA 028, en face
du restaurant Le Cèdre
OKB agency BP 3470 Conakry
(00224) 657 20 85 08 / 664 28 91 96
harmattanguinee@yahoo.fr

L'HARMATTAN MALI
Rue 73, Porte 536, Niamakoro,
Cité Unicef, Bamako
Tél. 00 (223) 20205724 / +(223) 76378082
poudiougopaul@yahoo.fr
pp.harmattan@gmail.com

L'HARMATTAN CAMEROUN
TSINGA/FECAFOOT
BP 11486 Yaoundé
699198028/675441949
harmattancam@yahoo.com

L'HARMATTAN CÔTE D'IVOIRE
Résidence Karl / cité des arts
Abidjan-Cocody 03 BP 1588 Abidjan 03
(00225) 05 77 87 31
etien_nda@yahoo.fr

L'HARMATTAN BURKINA
Penou Achille Some
Ouagadougou
(+226) 70 26 88 27

L'HARMATTAN SÉNÉGAL
10 VDN en face Mermoz, après le pont de Fann
BP 45034 Dakar Fann
33 825 98 58 / 33 860 9858
senharmattan@gmail.com / senlibraire@gmail.com
www.harmattansenegal.com

www.ingramcontent.com/pod-product-compliance
Lightning Source LLC
LaVergne TN
LVHW051358061026
849535LV00009B/3248